Guido Fuchs

Ich bitte um Milde

Kleine Sünder vor dem Kadi

Weihnachten 94

Guido Fuchs

Ich bitte um Milde

Kleine Sünder vor dem Kadi

Zur Erfolgsserie der

Abendzeitung

Verlagsanstalt »Bayerland« Dachau

Verlag und Gesamtherstellung:
Druckerei und Verlagsanstalt »Bayerland« GmbH
85221 Dachau, Konrad-Adenauer-Straße 19

Alle Rechte der Verbreitung (einschl. Film, Funk und
Fernsehen) sowie der fotomechanischen Wiedergabe und des
auszugsweisen Nachdrucks vorbehalten.

© Verlag DIE ABENDZEITUNG GmbH & Co. KG
80331 München, 1993

Printed in Germany · ISBN 3-89251-167-5

Inhalt

5

Spielzeugautos brachten es ans Licht

Die Verhandlung beginnt damit, daß niemand etwas sagt. Alle warten absolut stumm auf den Verteidiger. Der Richter und der Reinhold auf der Anklagebank schauen überaus interessiert ins Leere. Ein Mann bückt sich und holt aus seiner Aktentasche ganz leise zwei Miniaturautos. Er fängt damit aber nicht zu spielen an, sondern rangiert sie vorsichtig an die Kante seines Notizblocks.

Die Schweigeminute wird dadurch unterbrochen, daß die Türe einen Spalt aufgeht, ein Kopf hereingestreckt wird und wieder verschwindet. »Des war er net, mei Anwalt«, sagt der Reinhold. »Sonst wär er vermutlich da geblieben«, meint der Richter und fängt nun trotzdem an. Der Reinhold erklärt ihm unverzüglich, daß er an dem Unfall aber total unschuldig ist. Und wie der andere das geschafft hat, daß der ihm reingefahren ist, ist direkt ein Wunder.

Um dieses Wunder zu klären, gibt der Amtsrichter dem Reinhold Bleistift und Papier und bittet: »Zeichnen S' mir doch des amal auf.« Der fertigt eine ziemlich abstrakte Grafik und behauptet, das sei die Fahrbahn mit den drei Spuren. »Ganz langsam«, erklärt er und wackelt mit der Bleistiftspitze im Zeitlupentempo schräg über den Papierasphalt, »wollt i von der linken auf die rechte wechseln. Auf der mittleren, da war a Auto, des hat mi reinlassn, und wia i auf de rechte wollt und scho halb drübn war, war plötzlich des Auto von vorhin wieder da. Ja, wo is denn der jetzt herkomma, hab i mir denkt.«

Auch der Zeuge Anton darf eine Skizze zeichnen. Er ließ damals den Reinhold auf die mittlere Spur und wechselte selber auf die rechte. Und plötzlich war ganz nah neben ihm und gleichzeitig etwas schräg vor ihm der Wagen vom Reinhold. Außer einem leichten Knirschen muß es in dem Moment auch eine Gedankenübertragung gegeben haben. Der Anton sagt nämlich: »Ja, wo kommt jetzt der her, hab' ich mir

7

denkt.« Vom Schaden an seinem Auto links vorne hat er ein Foto mitgebracht. Der Reinhold sagt, daß er auch ein Foto hätte, wenn sein Verteidiger da wäre.

Jetzt entpuppt sich der Herr mit den Spielzeugautos als eine Art Doktor Allwissend. Er stellt sich nämlich als Sachverständiger vor und erklärt, wie es war. Laut Reinhold, sagt er, hat sich der Unfall so abgespielt. Dazu schiebt er die Spielzeugautos auf dem Tisch herum und läßt sie zusammenstoßen. Laut Anton aber, sagt er, hat sich der Unfall jedoch so abgespielt. Diesmal schiebt er die Spielzeugautos ein wenig anders herum und läßt sie erneut zusammenstoßen.

Der Vorsitzende nickt nach jedem Zusammenstoß mit dem Kopf. »Und wie hat er sich wirklich abgespielt?«, möchte er endlich wissen. »Das«, erklärt der Sachverständige, »kann ich nicht sagen, weil ich den Schaden am anderen Wagen nicht kenne.« – »Der is no gar net repariert«, ruft der Reinhold dazwischen. Der Amtsrichter: »Net repariert? Wo is er denn eigentlich?« – »Vorm Haus, in a Seitenstraß steht er«, erwidert der Reinhold. Der Verhandlungsraum leert sich so blitzartig, als hätte jemand »Bombenalarm!« gerufen.

Hernach weiß der Sachverständige, daß der Anton schneller gefahren sein muß und den anderen Wagen gerade noch erwischt hat. Da lächelt der Reinhold. Leider erklärt ihm gleich darauf der Amtsrichter: »Eine Ordnungswidrigkeit war das auf alle Fälle. Denn laut Straßenverkehrsordnung darf man beim Fahrspurwechsel niemand gefährden. 80 Mark Bußgeld sind durchaus angemessen.« Da lächelt der Reinhold kein bißchen mehr. »Jetzt derf i mein Schadn selber zoin«, sagt er. »Und meinen«, ermahnt ihn der Anton, »endlich der Versicherung melden, gell.« Der Verteidiger war immer noch nicht da.

Funkstreife mit Kindersicherung

Der Herr Amtsrichter merkt gleich: Das ist wieder einmal kein Fall wie jeder andere. Schon wegen der Kindersicherung. Angefangen hat es ja damit, daß früh um vier Uhr die Polizisten Karl und Harald der eminent wichtigen Aufgabe nachgegangen sind, Falschparkern in der Prinzregentenstraße Strafzettel unter die Scheibenwischer zu klemmen. Plötzlich flog ein Mercedes ganz tief vorbei.»Mindestens Tempo hundertfünfzig«, schätzten sie, sprangen in ihre Funkstreife und gaben Vollgas. Aber zu spät, der Tiefflieger war wie vom Erdboden verschwunden.

Mit einer Bombenstimmung kurvten die erfolglosen Rennfahrer ein bißchen hinter dem Friedensengel herum, dann warteten sie an der Ismaninger Straße an der Ampel. Neben ihnen stand ein Motorradfahrer, der Peter. Der verspürte seinerseits sofort einen kleinen Grimm in sich. Ein paar Tage zuvor war er nämlich mit einem geliehenen Auto in eine Routinekontrolle gekommen. Das hat dann zwölfhundert Mark gekostet. Die Polizisten damals ließen den Wagen wegen übergroßer Verkehrstauglichkeit sofort abschleppen und verpaßten dem Peter zudem einen Strafbefehl.»Dabei hab ich gar nichts dafür können«, sagt er. Der Vorsitzende meint:»Da waren die Karten aber wirklich prima gemischt.«

Der kleine Grimm Peters wuchs sich nach der Kurve am Prinzregentenplatz gewaltig aus, weil nun diese Funkstreife ihn stoppte und der Polizist Karl feststellte:»Sie sind hundert gefahren.« – »Bei der nassen Straße fährt kein Motorradler hundert in der Kurve« erwiderte er belehrend und fügte spitz hinzu:»Vorhin ist da hinten ein Mercedes bei Rot über die Kreuzung, aber das interessiert Sie wohl nicht.« Da saß er bereits im Fond der Funkstreife, hatte die Papiere abgeliefert und wunderte sich, daß ab sofort das Barometer auf Sturm

9

stand. Er hatte halt keine Ahnung, welcher Blattschuß ihm gerade gelungen war.

Weil alles so aggressiv wurde«, erinnert sich der Peter,»wollt ich raus, aber es ging nicht.« – »Die Kindersicherung war zu«, erklärt der Polizist Karl als Zeuge,»daraufhin hat er gesagt, wir sind blöd und eine Schande für den Rechtsstaat. Außerdem hat er mit den Ellenbogen rumgeschlagen«. – »Die Kindersicherung«, fragt der Amtsrichter,»ist die immer zu?« – »Rein vorsorglich schon«, antwortet der Herr Karl,»weil mir hams net gern, daß oaner einfach aussteigt.« Den Peter haben die beiden Funkstreifenbeamten dann übrigens eigenhändig so aus dem Wagen bugsiert, daß er anschließend auf dem Gehsteig lag.»Und weil er keine Ruhe gab, hab ich mich auf seine Schulter gesetzt«, berichtet der Karl. – »Oder vielleicht doch aufn Kopf, wie der Angeklagte behauptet«, will der Vorsitzende wissen.

Wahrscheinlich fällt jetzt dem Freund und Helfer die Ermahnung des Richters von vorhin ein, daß auch Verschweigen bei einer Zeugenaussage gewisse Konsequenzen haben kann. »Aufn Kopf«, wiederholt er,»es könnte auch aufn Kopf gewesen sein.« – »Aufn Kopf«, sagt der Richter und schluckt jede weitere Bemerkung hinunter. Dann sagt er, daß überhaupt kein Anlaß bestanden habe, den Peter wegen einer gewöhnlichen Verkehrsübertretung mit Hilfe der Kindersicherung einzusperren. Nur deshalb sei dessen Toben entstanden, von Widerstand gegen die Staatsgewalt könne da keine Rede sein. Für die Beleidigung muß er allerdings 500 DM Strafe zahlen. Hochzufrieden stemmt sich der Peter an seinen Krücken hoch, er hat nämlich ein Gipsbein.»Das war auch mit dem Motorrad«, erklärt er dem Vorsitzenden auf dessen teilnahmsvolle Frage.»Ein Auto hat mir die Vorfahrt genommen.« Das Auto war übrigens ein Mercedes.

Der Gert, ein ganz armer Zahnarzt

Bei dem Gert handelt es sich vermutlich um einen von der Wilden Reiter GmbH auf vier Rädern. Jedenfalls ist er mit 180 in Richtung Chiemsee gedüst. Allerdings nur so lange, bis vor ihm der Wolfi in seinem VW auftauchte und die Überholspur einfach nicht frei machte. Das ging bis zur Autobahnausfahrt Holzkirchen. Immer einer hinter dem anderen. Dann fuhr der Wolfi endlich raus und zeigte den Gert an. der erklärt nun dem Amtsrichter: »Zu nah aufgefahren bin ich für mein Gefühl nicht.«

Doch für Gefühle ist der nicht direkt zuständig, drum sagt er: »Also, kommen wir zu den persönlichen Verhältnissen. Was verdienen S' denn so?« Das entpuppt sich als interessante Frage, weil der Gert Zahnarzt ist. Er sagt, daß er eigentlich nichts verdient, sondern immer noch in den roten Zahlen krebst, weil die Praxis noch nicht so alt ist. »Dann probiern wir's anders«, sagt der Amtsrichter. »Was geben S' denn bei der Steuer an?« Doch der Gert erklärt, daß er überhaupt keine Steuern zahlt, eben wegen der roten Zahlen. Aber der Vorsitzende meint: »Wissen S', wenn man rote Zahlen hat, kann man ja trotzdem ein Einkommen haben. Also, probiern wir's noch anders. Was müssen S' denn im Monat so abzahln?«

Nun ergibt sich, daß der Herr Zahnarzt außer 900 000 DM Kredit ein Haus mit Grundstück besitzt, die Frau Gemahlin ein kleineres Zweitauto und er jeden Monat 10 500 DM abzahlt, Lebenskosten nicht mitgerechnet. Direkt ärmlich, meint der Amtsrichter, seien die Verhältnisse dann wohl nicht. »Nur eins versteh ich nicht ganz«, sagt er und deutet auf die Anklageschrift, »da heißt es einmal, daß Sie Elektrotechniker sind, und dann steht noch Zahnarzt da.«

Wie sich gleich herausstellt, möchte der Vorsitzende nämlich auch so wenig verdienen wie sein Angeklagter. Die Steuerbefreiung würde er da samt Haus mit Garten und monatlichen Ratenzahlungen von 10 500 DM glatt in Kauf nehmen. »Ich hab mir grad gedacht«, erklärt er, »wenn des so einfach ist, daß man zuerst Elektrotechniker ist und dann plötzlich Zahnarzt, ob da net auch unsereiner als Jurist . . .« Der Staatsanwalt nickt heftig dazwischen und sagt: »Also gscheiter wär's auf alle Fälle als des, war wir . . .« Der Gert kann ihnen aber nur raten, sich auch kündigen zu lassen und dann halt noch mal zu studieren. So sei das bei ihm gewesen.

Beim Zeugen Wolfi geht's ebenfalls nur kurz um die Sache auf der Autobahn. Er behauptet, daß er fünf Kilometer auf der Überholspur habe fahren müssen, ehe er wegen der vielen Autos endlich rechts raus konnte. Der Verteidiger bezweifelt das sehr und beantragt deshalb die Einstellung des Verfahrens. Der Staatsanwalt ist dafür, will aber vom Gert eine Geldbuße. Daraufhin verschwindet der mit seinem Anwalt zur Beratung auf dem Gang. In der Zwischenzeit fällt dem Vorsitzenden auf, daß der Zeuge eine gewisse Ähnlichkeit mit einem ehemaligen bayerischen Landwirtschaftsminister hat. »Das war mein Opa«, sagt Wolfi.

Über diesen Opa kommt man auf den Papa und sämtliche Onkel vom Wolfi, darunter auch jenem, der mit dem Herrn Amtsrichter einmal in die Schule gegangen ist. »Bei den letzten Klassentreffen hat er gfehlt. Richten S' ihm a strenge Rüge von mir aus«, trägt der Vorsitzende dem Wolfi auf. Nun kommt der Verteidiger rein mit dem Zahnarzt und erklärt, daß sie die 2400 DM Geldbuße annehmen. Ob er Ratenzahlung wünsche, fragt der Staatsanwalt den Zahnarzt. Der antwortet, obwohl er monatlich 10500 DM abstottern muß, 900 000 DM Miese und eigentlich kein Einkommen hat: »Des kann ich gleich zahln«.

Eigentlich war's ein Stehfehler

Der Hermann lebt nach dem Motto: Morgenstund hat Gold im Mund. »Früh um fünfe können S' mit mir alles mach'n, aber abends brech'n halt de Leitungen zusammen«, sagt er zum Vorsitzenden. Da überfällt ihn plötzlich mit aller Wucht der Schlaf. Dazwischen, also tagsüber, besucht er Einrichtungshäuser und erzählt, was die Möbelindustrie an Neuheiten ausheckt. Auf einen grünen Zweig kommt er dabei angeblich nicht, dafür aber auf 6000 Kilometer im Monat. Der Amtsrichter versteht sofort, daß es dem Hermann mit den 6000 Kilometern um seinen Führerschein geht. Doch vorerst geht es darum, wie das nun bei Kilometer 15,5 auf der Kreisstraße nach Gauting wirklich war. Früh um 1 Uhr 45 hielt dort der Hermann ein Nickerchen in seinem Auto. »Einen Fahrfehler hat er doch nicht gemacht«, sagt sein Verteidiger. »Einen Fahrfehler nicht«, antwortet der Vorsitzende, »aber sozusagen einen Stehfehler«.

Der Hermann kam aus der Waldfriedhofstraße. Der Richter vermutet, daß dort eine Wirtschaft ist. »Das kann sein«, sagt der Hermann, er aber sei bei einem Möbelhändler gewesen. Die Besprechung habe sich hingezogen, ganz lang habe man herumgetüftelt und endlich eine ganz tolle Lösung für eine Einrichtungskombination gefunden. »Und weil's so gut gelaufen ist, hat der Möbelhändler anschließend eine Flasche Wein aufgemacht«, erzählt der Hermann. Dabei wurde noch über dies und das geredet, und keiner schaute auf die Uhr. Als der Hermann ging, war der neue Tag schon 30 Minuten alt.

Gleich hinter Großhadern hat ihn damals der Schlaf wieder mit aller Wucht überfallen. Den Zustand, sagt er, kennt er, weil der irgendwie in der Familie liegt. Schon seine Mutter sei immer so plötzlich eingenickt. Zwar nicht am Autosteuer, aber dafür am Küchentisch beim Zeitungslesen. Er gehe in so einem Fall normalerweise ja gleich ins Bett. Doch diesmal konnte er nicht, weil er im Wagen saß. Er stellte den Motor ab, schaltete das Standlicht ein und entschlummerte. »Ein sehr verantwortungsbewußtes Verhalten«, bemerkt der Herr Verteidiger.

Dummerweise war jedoch das Auto fast mitten in der Fahrbahn geparkt, wie der Polizeimeister Peter vor Gericht behauptet. Deshalb dachte er zunächst an einen Unfall mit einem Wild, weil kein weiteres Fahrzeug da war. Doch statt eines toten Rehs fand er einen schlafenden Mann hinterm Steuer. Den rüttelte er so lange, bis der endlich die Augen aufmachte. »Steigen S' doch bitte aus«, hat der Peter zu ihm gesagt. »Ja, ja«, murmelte der Fahrer ganz freundlich und drehte sich um und schlief sofort weiter.

Schließlich bekam der Polizeimeister den Hermann doch noch wach. Ob man aus dem tiefen Schlaf irgendwelche Schlüsse ziehen könne, fragt der Vorsitzende die Frau Sachverständige. Sie denkt scharf nach und meint dann: »Tja, daß er halt sehr müde war.« Ähnlich ergiebig verlief seinerzeit der Alkomat-Test, er zeigte nämlich nichts an. Erst die Blutprobe ergab 1 Promille. Der Hermann kommt noch einmal mit seinen 6000 Kilometern im Monat und jammert, daß für ihn ein Fahrverbot praktisch ein Berufsverbot bedeute.

Drei Monate ist er bereits den Führerschein los. Und jetzt bräuchte er ihn endlich, erklärt der Hermann. »Was meinen S', was mir zum Beispiel a angeklagter Taxifahrer erzählt? Aber Gesetze gibts halt auch«, erwidert der Richter. Dann verurteilt er den Hermann zu 45 Tagessätzen à 30 DM und weiteren sechs Monaten Fahrverbot. »Weniger geht net«, sagt er ganz traurig. Der Hermann sagt: »A Wahnsinn.« Normalerweise gilt das als Ausruf der Begeisterung, bei ihm klingt es aber ganz nach dem Gegenteil.

Es is halt hi- und herganga,
sagt Helmut

Von Beruf ist der Helmut Taxifahrer. Jeder Taxifahrer hält sich bekanntlich immer ganz streng an die Straßenverkehrsordnung, böse Worte kommen ihm so gut wie nie über die Lippen, und Handgreiflichkeiten sind ihm überhaupt fremd. Insofern weiß der Helmut absolut nicht, weshalb er wegen der Sache an der Kaulbach-/Ecke Gedonstraße angeklagt ist. Vorausgeschickt muß noch werden, daß er ein ziemlicher Riese ist. Man traut ihm ohne weiteres zu, daß er einmal kurz durchatmet und dann mit beiden Händen einen mittleren Baum samt Wurzelballen aus der Erde zieht. Damals aber hat er ganz friedlich in der zweiten Reihe auf einen Parkplatz gewartet. »Behindert hab i überhaupts koan«, sagt er. Das friedliche Warten unterbrach lediglich ein anderer Autofahrer, der soll gerufen haben: »Du blöder Taxifahrer!« – »Dann is 's higanga und herganga, und des wars scho«, sagt der Helmut.

Das Hin- und Hergehen bringt die Frau Vorsitzende auf die Frage: »Ist irgend jemand ausgestiegen?« – »Na«, behauptet der Helmut. Dazu stellt er fest, daß er noch nie Schwierigkeiten hatte. Sofort kramt der Staatsanwalt ein Papier heraus und sagt, daß da was ganz anderes steht. Da steht nämlich, daß der Helmut schon einmal verurteilt wurde, weil er einen anderen Autofahrer zuerst beschimpft, dann gewürgt und gewatscht hat. »Genauso ein Fall wie heute«, meint der Staatsanwalt. So ähnlich sieht es sogar der Helmut, denn auch seinerzeit sei es in Wirklichkeit nur hin- und hergegangen, erklärt er. Bloß habe er keine Chance gehabt, das zu beweisen.

Jetzt will niemand mehr wissen, was er unter Hin- und Hergehen eigentlich versteht. Das erklärt nun der Zeuge

15

Michael. Der wartete mit seinem Wagen hinter dem Taxi vom Helmut. Schließlich blinkte er, und nach einer weiteren Wartezeit blinkte er wieder. Das Taxi fuhr etwas vor, aber wegen der Baustelle auf der anderen Seite kam der Michael wieder nicht vorbei. Inzwischen hupten schon andere Autos, und nun hupte er auch. Da rief ihm der Helmut zu: »Du Arschloch, bist du zu blöd zum Autofahrn?« Dann rief er noch: »Bürscherl, mit dir werd i fertig!«

Anschließend begann sofort das Hin- und Hergehen: Laut Michael stieg der Helmut aus, ging zu ihm hin, packte ihn mit einer Hand am Hals und gab ihm mit der anderen zwei Schläge ins Gesicht. Dann ging er wieder zu seinem Taxi, wollte offenbar auf keinen Parkplatz mehr warten, sondern gab Gas. Der Michael notierte sich schnell die Nummer und fuhr später zur Polizei.

Diesmal möchte der Staatsanwalt dem Helmut auf alle Fälle eine Chance geben. »Ist Ihnen inzwischen was eingefallen?«, fragt er deshalb. »Nein«, antwortet der Helmut. »Lügt der Zeuge?«, lautet die nächste Frage. »Ja«, erklärt der Helmut treuherzig. Dummerweise bestätigt der Revierbeamte Reiner dem Gericht noch, daß der Anzeigeerstatter Michael damals einen ganz roten Hals hatte.

Es schaut so aus, daß auch heute Helmuts harmloses Hin und Her verkannt wird. Der Staatsanwalt erklärt nämlich, körperliche Überlegenheit sei nicht dazu da, um Selbstjustiz zu üben. Dann beantragt er 60 Tagessätze zu je 30 Mark samt drei Monate Fahrverbot. So lautet auch das Urteil. »Zu seinen Gunsten«, sagt die Amtsrichterin über den Helmut in der Urteilsbegründung, »spricht eigentlich überhaupt nichts.«

Hätt' Bernhard doch auf seine Helga gehört

Der Bernhard fährt so einen Panzer des kleinen Mannes, was ein Geländewagen ist. Damit kommt man bekanntlich ziemlich anstandslos durch die Wüste Gobi, nur nicht über die Herzog-Heinrich-Straße, wenn einem ganz einfach die Vorfahrt genommen wird. Passiert ist nichts, weil der Bernhard scharf gebremst hat, obwohl er doch überhaupt nicht bremsen hätte müssen. Das ärgerte ihn natürlich ganz gewaltig. »Laß den Deppen, fahr weiter«, sagte seine Frau. »Nix da«, schnaubte er, »den scheiß i zam.« Hätte er auf seine Helga gehört, säße er nicht auf der Anklagebank.

Der Verkehrssünder war ein gewisser Mehmet. Zu allem Überfluß bog der mit seinem Kleinbus nicht rechts ab, wie vorgeschrieben, sondern links. Nun sah der Bernhard endgültig rot. Er wendete seinen Panzer, schaltete die Triebwerke auf Hochtouren, blinkte mit allen Scheinwerfern, überholte den Kleinbus und schnitt ihn so, daß er stehen bleiben mußte. Dann stieg er aus. Der Mehmet kurbelte das Fenster herunter und lächelte freundlich. Er dachte, da wolle ihn jemand nach dem Weg fragen. Das stellte sich ganz schnell als krasser Irrtum heraus.

Für den Bernhard ist der Fall klar, weil doch eigentlich er das Opfer ist. Er erklärt, daß der Kleinbusfahrer sofort nach ihm schlagen wollte. »Ich hab nur abgewehrt«, behauptet er. Dabei könne er höchstens aus Versehen mit dem Autoschlüssel in der Hand den Menschen am Hals verletzt haben. Und anschließend sei es dann für ihn direkt lebensgefährlich geworden. Da sei nämlich plötzlich der Beifahrer ausgestiegen mit einem ganz langen Messer. Voller Angst rannte der Bernhard zurück zu seinem Panzer, gab Gas und preschte davon.

Der Staatsanwalt hat gewisse Zweifel. Er meint, nach seiner Lebenserfahrung kommt es nicht automatisch zu einer Schlägerei, wenn sich zwei Autofahrer unterhalten. Außerdem soll der Bernhard mit einem Messer herumgefuchtelt haben. »Erst auf der Flucht, aus Angst«, erklärt der. Schimpfworte, meint er, seien allerdings schon hin- und hergeflogen. Für den Mehmet sieht alles ein bißchen anders aus. »Der Herr«, sagt er, »hat mit einer Hand gleich zugeschlagen, mit der anderen hielt er mich am Hals. Ich spürte etwas Spitzes und einen Schmerz.« Gleichzeitig hörte er den Herrn sagen: »Scheiß Ausländer, ich schneid dir den Hals ab.« Da bekam er Angst. Noch größere Angst bekam er, als sein Stiefvater, der Nyassin, ihm helfen wollte. »Er ist herzensgut, aber feurig«, teilt der Mehmet dem Gericht mit. Dann erklärt er, daß sich im Kleinbus so lange Messer befanden, mit denen man das Fleisch vom Döner-Spieß säbelt. So eines hielt der feurige Nyassin plötzlich in der Hand.

Der Nyassin hat den Dönerdolch dann doch nicht zweckentfremdet, bestätigt vor Gericht aber alle Aussagen seines Stiefsohnes. Anschließend bescheinigt noch ein Arzt vom Krankenhaus Schwabing, daß der Mehmet seinerzeit tatsächlich am Hals eine 4 Zentimeter lange Wunde hatte. »Eine Schnittwunde?«, fragte der Vorsitzende. Der Herr Doktor erklärt, daß es eine Rißwunde war, sie könne durchaus mit einem Schlüssel verursacht worden sein.

Der Amtsrichter schaut den Bernhard an und meint: »Runterschlucken und weiterfahren wär besser gewesen.« Dann verurteilt er ihn zu 9100 Mark Geldstrafe und drei Monate Führerscheinsperre. Diesmal schluckt der Bernhard – gleich dreimal sogar.

Da wollt' sich der Thomas die Haar' ausreißen

Bis abends um sechs Uhr war noch alles in Ordnung: Der Thomas ließ sich von der Freundin in die Wirtschaft fahren, wo die Gesellschaft schon beisammensaß. Gut vier Stunden später aber machte er einen Fehler. Er sagte nämlich zu seiner Gabi:»Gib mir an Autoschlüssel.« Heute sagt er:»Wia ma nur so bläd sei ko.« Und weil er so blöd war, muß er nun am Amtsgericht erscheinen. Bereits nach 50 Metern Fahrstrecke tanzte damals nämlich ein kleines, rotes Licht vor seinen Augen auf und ab. Es war aber kein Leuchtkäfer, sondern eine Polizeikelle.

Die Amtsrichterin möchte zunächst wissen, wie die 1,21 Promille zusammengekommen sind.»Mei«, erklärt der Thomas, »mir ham den Geburtstag von meiner Schwester gfeiert. Drei bis vier Weißbier hab i ghabt und a Glasl Sekt.« Nüchtern, sagt er, hat er sich eigentlich nicht mehr gefühlt. Der Frau Vorsitzenden gefällt so viel Selbstkritik, denn im Protokoll der Blutprobe heißt es ganz im Gegensatz dazu:»Gang sicher, Sprache deutlich, Gesamtverhalten unauffällig.«

Auch der Streifenbeamte Theo hatte am Thomas nicht das Geringste auszusetzen. Seine Fahrweise sei durchaus korrekt und er selber sehr höflich gewesen, nachdem man ihn herausgewunken hatte.»Warum wurde er überhaupt gestoppt?«, fragt die Amtsrichterin.»Einfach so, Routinekontrolle«, lautet die Antwort. Der Theo wurde erst mißtrauisch, als Thomas ihm mitteilte:»An Führerschein hab i dahoam.« – »Den schaun wir uns an«, erklärte der Theo.

Auf der Fahrt zur Wohnung erfuhr der Streifenbeamte über den Polizeicomputer, daß der Führerschein längst eingezogen ist.»Und weil der Herr immer mehr nach Alkohol roch, je länger wir beisammen waren, brachte ich ihn zur Blutprobe«, berichtet der Theo. Dort war dann der Thomas nicht mehr ganz so höflich. Im Vorzimmer mußte er sich über einen wildfremden Polizisten ärgern. Ganz schadenfroh habe der zu einem Kollegen gesagt:»Nullkommaneun Promille hat unsre Kundschaft, des langt.« Der wildfremde Polizist ist der Detlef.»Ich hab ihn bloß gefragt, ob er vielleicht drüber nachdenkn könnt, daß der Mo eventuell Familie hat, und ob des so lustig is mit denen nullkommaneun Promille, daß ma sich de Händ reibn muaß vor Begeisterung«, erklärt der Thomas. Die Vorsitzende erwidert, daß es in der Anzeige ein bißchen anders steht. »Da steht«, liest sie vor,»daß Sie gesagt haben: Kasperl, Kasperlkopf und Arschloch.« – »Ja«, bestätigt der Detlef als Zeuge,»diese drei Ausdrücke waren dabei.« Diesmal dauert es ein bißchen länger, bis die Frau Vorsitzende das Urteil beisammen hat. Es lautet auf drei Monate, zwei Wochen auf Bewährung, 18 Monate Fahrverbot und 1800 Mark Geldbuße an den Kinderschutzbund. Der Herr Verteidiger sagt zum Thomas, daß er eigentlich noch Glück gehabt hat, weil's auch schlimmer hätte ausfallen können. Der Thomas meint, daß das Glück gar so groß nicht sei, vor allem bei dem langen Fahrverbot, und er sich direkt die Haare ausreißen möchte. Das tut er dann doch nicht. Dafür schlägt er sich mit der flachen Hand gegen die Stirn und hadert dazu:»A Taxi hätt i nehma kenna, z' Fuaß hätt i geh kenna, weil's bloß zwoa Kilometer warn zur Wohnung hoam. Aber na, i muaß so an Schmarrn macha.«

Als Johanna war die Nina ganz anständig

Der Robert geht auf die dreißig zu und denkt deshalb ans Heiraten. Einen festen Beruf hat er, eine Zweizimmerwohnung ebenfalls, nur die Frau fehlte noch. Da lief ihm zufällig eine Johanna über den Weg. Zwanzig Jahr, blondes Haar, enge Jeans und auch sonst recht schnuckelig. »Des is a anständigs Madl«, dachte er und bekam sofort Herzflimmern. Auch die Johanna zeigte sich durchaus willig. Doch statt auf dem Standesamt landete er jetzt auf dem Amtsgericht.

Das Gesetzesdeutsch ist bekanntlich eine sehr schöne und überhaupt nicht umständliche Sprache. Zulassen des Fahrens ohne Fahrerlaubnis wird dem Robert vorgeworfen, wo er doch in Wirklichkeit eine Seele vor dem Verderben retten wollte. Das anständige Madl Johanna stieg nämlich abends immer in den Zug nach Regensburg, wo sie in einem Nachtclub arbeitete. Dort nannte sie sich Nina und war nicht mehr ganz so hundertprozentig anständig. Zum Robert sagte sie: »Mein Golf hab i in Straßngrabn gfahrn, außerdem is Zugfahrn viel gscheiter.«

Dem Robert leuchtete das ein, nur der Beruf seiner Flamme gefiel ihm nicht. In schwärzesten Farben malte er ihr den unaufhaltsamen Abstieg in die tiefsten Tiefen des Lebens aus und drohte hart, aber selbstlos: »Ich oder Nina.« – »Du«, hauchte Johanna, weil sie als Johanna ja ein anständigs Madl war. Dann sagte sie, daß sie in Regensburg noch Klamotten hat, die sie aber nicht mit dem Zug transportieren kann. Und ob er ihr nicht den Wagen leihen möchte.

Jetzt stand Roberts Zuneigung schwer auf dem Prüfstand, denn sein Auto verleiht er nämlich nie. »Ich kann dich doch hinfahren«, meinte er. Aber die Johanna behauptete, daß sie

21

die Sache allein erledigen muß. Da wollte er nur noch wissen, ob sie einen Führerschein besitzt, worauf sie ihm eine Kopie zeigte. »Und des is Ihnen net komisch vorkommen?«, fragt der Amtsrichter. »Nein«, antwortet der Robert. Er und seine Bekannten fahren auch nur mit Kopien, erklärt er. Bei einer Kontrolle koste das lediglich eine mündliche Verwarnung oder höchstens 5 Mark. Brauche man aber eine Zweitschrift, weil das Original verschusselt wurde, habe man Laufereien und 40 DM Gebühren.

Die Johanna wollte seinerzeit am nächsten Morgen zurück sein. Der Robert wartete und wartete, telefonierte endlos herum und purzelte dabei aus dem siebten Himmel auf den Boden der Tatsachen. Zunächst erfuhr er, daß sein Auto in der Drygalski-Allee abgeschleppt worden war. Allein das wunderte ihn schon. Wie kommt seine Johanna, die an der Autobahnausfahrt Nürnberg–Regensburg wohnt und nach Regensburg will, in die Drygalski-Allee nach Forstenried, fragte er sich. Dann teilte ihm die Polizei noch völlig unverschlüsselt mit, daß die Fahrerin schon seit längerem gesucht wurde und jetzt in Neudeck sitzt, damit sie nicht mehr so schnell ihre Unterkünfte wechseln kann.

Vor Gericht wandern seine Augen an ihr ein bißchen rauf und runter, während sie als Zeugin nicht mehr weiß, ob sie damals gebeichtet hat, daß sie keinen Führerschein besaß. Der Amtsrichter spricht den Robert frei, doch den beschäftigt bereits etwas anderes. »De zweihundertvierzig Mark Abschleppkosten fürs Auto hab i ja verschmerzt«, gesteht er, als Johanna entschwunden ist, »aber enttäuscht hat mi wirkli, daß sie ganz in Leder daherkommen is.« Der Aufzug sagte ihm nämlich, daß ihre Seele immer noch nicht gerettet ist.

Ein Leberschaden hat auch sein Gutes

Beim Stefan geht es um die Spätfolgen einer Betriebsfeier. »Dabei«, sagt er,»hab i mi extra zruckghaltn.« Dank seiner Zurückhaltung kam er in fünf Stunden lediglich auf fünf Halbe. In der sechsten Stunde saß er nur noch vor einer Tasse Kaffee. Nach der siebten Stunde gab er sich Entwarnung, stieg ins Auto und fuhr heim. Seine 1,18 Promille, die später eine Blutprobe ergab, fuhren von ihm völlig unbemerkt mit. Die Frau Vorsitzende sinniert zunächst an den sieben Stunden herum.»Um neun Uhr abends sind Sie von der Polizei gestoppt worden«, sagt sie,»dann hätte ja die Feier um zwei Uhr nachmittags beginnen müssen. Hat man da als Fernmeldetechniker bei der Post schon Feierabend?« Sie meint nämlich, daß die Zurückhaltung sich auf eine kürzere Zeit erstreckt hat.»Und vielleicht warens auch zwei Halbe mehr«, sagt sie.

Aber der Stefan kann ihr alles gut ausreden.»Mir ham halt mit der Feier a bißl früher ogfanga, und mehr Bier warns gwiß net, wegn meiner Leber.« –»Wegen der Leber?«, fragt die Amtsrichterin hellwach,»hatten Sie mal Alkoholprobleme?« –»Naa«, antwortet der Stefan,»an Motorradunfall hab i ghabt mit an Leberriß. I muaß aufpassn.«

Ab sofort schaut es mit der Zurückhaltung schon wieder glaubwürdiger aus. Auch der Polizeimeister Robert kann in dieser Beziehung nichts Nachteiliges über den Stefan aussagen. Er hatte überhaupt keine auffällige Fahrweise, einen angetrunkenen Zustand hat er auch nicht gemacht, nur nach Alkohol hat er halt gerochen.»Warum wurde er dann gestoppt?«, möchte die Amtsrichterin von dem Zeugen wissen.»Weil er beim Einbiegen in die Leopoldstraße eine durchgezogene weiße Linie mißachtet hat«, erklärt der

Robert. Laut Robert ist das aber nicht unbedingt typisch für Trunkenheit am Steuer.

Sogar der Staatsanwalt sieht das so. Er kennt die Leopoldstraße, sagt er, und wenn das Mißachten einer durchgezogenen weißen Linie typisch für Trunkenheit am Steuer wäre, dann müßte die Leopoldstraße abends und nachts von betrunkenen Autofahrern grad so wimmeln. Andererseits seien aber immer noch die 1,18 Promille da, und dafür beantrage er 500 Mark Geldbuße und drei Monate Führerscheinsperre. Nun erklärt der Stefan, daß er das Auto ganz dringend braucht, weil er außerhalb wohnt, 30 Kilometer zur nächsten S-Bahn-Station hat, es auf dieser Strecke keine öffentlichen Verkehrsmittel gibt und er um sieben Uhr früh in München sein muß.

So ein Wohnsitz kommt der Frau Vorsitzenden recht ungelegen. Sie überlegt hin und her und rät schließlich zu einem führerscheinfreien Mofa. Gleich darauf sagt sie jedoch, das ist ein Schmarrn wegen dem Fahrverbot. Aber ein Radl, meint sie, ein Radl ist erlaubt. Und der Angeklagte sei doch jung und kräftig, und Sommer sei auch. »Stimmt alles«, bestätigt der Verteidiger, »aber dreißig Kilometer hin und dreißig zurück sind sechzig Kilometer, und mehr als zehn schafft man nicht pro Stunde und außerdem hat es im Sommer oft die größten Gewitter, dann schafft man auch keine zehn.« Er ist deshalb für eine höhere Geldbuße und kein Fahrverbot.

Der Stefan kommt mit 1000 DM und einem Monat Fahrverbot davon. Zum Glück hat er gleich bei der Leopoldstraße eine Freundin. Damals, als er sie nach der Betriebsfeier besuchen wollte, war sie dummerweise nicht daheim.

Die Villa, der Schlitten und die Prügel

Der Wolfgang ist Kaufmann und fährt einen metallicsilbernen Zwölfzylinder. Der Franz ist Student und fährt einen R 4. Außerdem parkt er gerne möglichst nahe dem Behindertenheim, in dem er arbeitet. Dummerweise hat er dabei schon mal die Zufahrt zum Villengrundstück vom Wolfgang blockiert, was dem nicht gefiel. Als Zwölfzylinderfahrer mußte er wegen einem R 4 doch tatsächlich zu Fuß über die Straße gehen und sich zum Franz durchfragen. Doch nicht deshalb sitzt der Wolfgang nun wegen Körperverletzung auf der Anklagebank, sondern wegen einer Art Fortsetzung dieser Geschichte.

Zusammen mit dem Zivi Richard kam der Franz an einem Septembernachmittag letzten Jahres nach Feierabend aus dem Heim. Den Richard hatte er mitgenommen, weil bei seinem R 4 der Anlasser kaputt war und der Wagen angeschoben werden mußte. Doch das ging nicht, er war von vorne Stoßstange an Stoßstange zugeparkt. Hinten übrigens auch, da stand ganz unüblicherweise das metallicsilberne Weltraumgefährt. Franz, nicht faul, läutete beim Herrn Villenbesitzer. »Des allein«, stellt der jetzt fest, »is doch scho a Aggressivität gwesn. Weil a kaputts Auto schiebt ma doch net rückwärts weg, sondern vorwärts.« Außerdem habe ihn das Geklingel mitten aus einem Nickerchen gerissen.

Wer den elektrischen Gartentüröffner betätigt hat, weiß niemand mehr. Der Franz trat jedenfalls ein, und dann ging alles sehr schnell. Der Wolfgang ist aus dem Haus gestürmt und hat gerufen: »Verschwinden Sie sofort von meinem Grundstück.« Aus reiner Fürsorge sei das geschehen, sagt er. »Mir is nämlich eingefalln, daß meine Dogge draußn war«, erklärt er. Wegen dem Hund habe er auch die Leine in der Hand gehabt. Der Eindringling hingegen habe überhaupt nicht gehört, sondern sofort zugeschlagen. Vorher habe er lediglich noch gesagt: »Fahr Dein Scheißkarrn weg.« Der Franz bestreitet das. »Ich bin aus Norddeutschland und kann überhaupt kein Bayerisch«, erklärt er. Außerdem sei er gerade wegen dem Hund stehengeblieben, und sofort zugeschlagen habe der andere.

Im Haus muß es übrigens auch schön zugegangen sein. Da war zunächst die Sekretärin vom Herrn Wolfgang. »Ich hab vom Fenster aus das Handgemenge gsehn«, erzählt sie dem Richter, »und bin glei zur Haustür grennt. Aber dann hab i nix mehr gsehn, weils scho vorbei war.« Außer ihr ist auch noch dem Wolfgang sein Geschäftsfreund David zur Haustüre gerannt, weil er es ebenfalls vom Fenster aus gesehen hat. Aber dort angekommen, hat er leider ebenfalls nichts mehr feststellen können. Das wundert den Herrn Staatsanwalt, weil der Zivi Richard vorher ausgesagt hatte: »Plötzlich is des Gartntürl aufganga, der Mo hat dem Franz an Tritt in Hintern gebn, is eahm no auf d Straß nach und hat eahm ins Gsicht gschlagn.« Er stand nämlich gegenüber und konnte das genau sehen.

Der Herr Vorsitzende meint: »Wer nun im Garten zuerst zugeschlagen hat, ist nicht zu klären und eigentlich nicht mehr wichtig. Verletzt waren beide, das bestätigen die Atteste. Also haben beide geschlagen. Nur der Fußtritt und der Schlag auf der Straße, die waren zu diesem Zeitpunkt nicht mehr nötig.« Außerdem meint er, daß da wohl noch eine alte Rechnung offen war. Seine neue schaut für den Wolfgang so aus: 30 Tagessätze à 100 DM. Der knurrt ein bißchen, fast wie eine Dogge, und sagt dann noch einmal: »An kaputtn R 4 rückwärts wegschiebn, wenn des keine Provokation und Aggressivität is.« Außerdem will er ihn jetzt wegen Hausfriedensbruch verklagen. Den Franz, nicht den R 4.

Zwei platte Reifen sind halt sicherer

Der Sepp hat offenbar keine guten Karten. »Also, bevor wir überhaupt anfangen«, sagt der Vorsitzende zu ihm, »ham S' Ihnen den Einspruch gegen den Strafbefehl gut überlegt? Weil wenn der Zeuge nix anderes aussagt wie bisher, kann's höchstens schlechter werden.« Der Sepp wackelt mit dem Kopf, anwortet, daß er sich das freilich überlegt hat und daß er keine Außenspiegel an dem bezüglichen Auto abgerissen hat. »Guat«, sagt der Amtsrichter, »dann fang ma an.« Zunächst erzählt der Sepp, daß er an dem Freitag seinen Führerschein gemacht hat. Dann ist er in die Firma, wo seine Freundin arbeitet. »I wollt mit ihr feiern«, erklärt er. Aber die Amalie ließ ihm ausrichten, daß sie im Moment überhaupt keine Zeit hat, auch nach Feierabend nicht. »Ham S' da schon was trunken?«, fragt der Richter. Dem Sepp fällt nur eine Tasse Kaffee ein. »Hoit«, sagt er plötzlich, »daß i net lüg, a Cognac war a no drin in der Tass'«.

Ein Kaffee mit Cognac macht aber noch keine richtige Feier. Der Sepp ist deshalb anschließend in ein Stüberl gegangen, dessen Wirtin eine Freundin von seiner Amalie war. Der hat er erzählt, daß er eigentlich mit der Amalie seinen neuen Führerschein feiern wollte, die Amalie aber leider keine Zeit hat. Bei diesem Gespräch kam er höchstens auf drei Hefeweizen, gesteht er dem Amtsrichter auf dessen Frage. Die Wirtin hat übrigens dem Sepp dann verraten, wo er seine Amalie am Abend bestimmt finden wird.

Ziemlich hochtourig ist er in die genannte Disco eingelaufen, wo die Amalie in Begleitung eines fremden Herrn an der Bar stand. Sehr förmlich sagte sie zum Sepp: »Darf ich vorstellen, das ist mein früherer Mann.« Dann ist sie mit dem früheren Mann zur Tanzfläche entschwebt. »Und des gibt oan scho zu denkn«, erklärt der Sepp dem Vorsitzenden. »Und was ham S' sich denn so denkt?«, fragt der. »Daß de vielleicht heimli davofahrn kannt«, antwortet der Sepp.

Inzwischen hatte er schon wieder zwei Hefeweizen getrunken und außerdem eine prima Idee: Er ist hinaus, hat das Auto der Amalie gesucht und am linken Vorderreifen die Luft rausgelassen. Dann ging er in die Disco zurück, sah die Amalie schon wieder mit dem früheren Mann tanzen, und zwar viel enger als vorher, was ihm noch einmal zu denken gab. Diesmal dachte er sich, zwei platte Reifen sind sicherer als einer, ging erneut zum Auto und ließ am linken Hinterreifen die Luft raus. »Und da find i doch glatt den Außenschpiegl von da Fahrerseitn im Gebüsch, den muaß wer ganz mutwillig abgriss'n ham,« sagt er.

Nun findet der Herr Amtsrichter, daß sich der Sepp genügend um Kopf und Kragen geredet hat. »Wissen S'«, sagt er, »je länger mir uns unterhalten, desto mehr Straftatbestände kommen zusammen. Bisher war's ja nur Sachbeschädigung wegen dem Außenspiegel. Aber durch das Rauslassen der Luft kommen noch Nötigung und ein gefährlicher Eingriff in den Straßenverkehr dazu. Sie unterhalten sich jetzt am besten mit Ihrem Anwalt, ob sie den Strafbefehl net doch annehmen wolln. Sonst werd's teurer als neunhundert Mark.«

Nach fünf Minuten kommt der Anwalt ohne Sepp herein. »Is er gar nimmer da?«, fragt der Vorsitzende. »Na«, antwortet der Anwalt, »ich hab ihn heimgschickt. Wir ziehn den Einspruch zrück.« Der Staatsanwalt sagt, daß er damit einverstanden ist, worauf der Amtsrichter meint: »Gut, dann wär auch der Fall elegant gelöst.«

Ohne Uniform ist auch der Polizist ein ganz normaler Mensch

Es gibt bekanntlich den Zeigefinger, den Mittelfinger, den Ringfinger, den kleinen Finger und seit einiger Zeit auch noch den Stinkefinger. Das ist der hochgereckte Mittelfinger. Der gilt in feinfühligen Kreisen, also zum Beispiel bei der Polizei, als Majestätsbeleidigung. Deshalb sitzt nun der Robert auf der Anklagebank. Angezeigt hat ihn nicht nur der Polizeimeister Andreas, sondern auch der Polizeipräsident himself. Wahrscheinlich hat der eine Art Fürsorgepflicht-Koller seinem Beamten gegenüber bekommen, als der Andreas vor ihm stramm gestanden ist und gesagt hat: »Melde gehorsamst, Herr Brähsadent, der Student Robert hat mir heit in der Nacht den Stinkefinger gezeigt.«
Doppelt genäht hält natürlich in jedem Fall besser, so auch in diesem. Darum kommt beim Robert noch Trunkenheit am Steuer hinzu – bei 0,77 Promille, was ungefähr zwei Fingerhut voller Wein entspricht. Die gibt der Robert sofort zu, nur von der Majestätsbeleidigung weiß er rein gar nichts. Ganz gemütlich ist er nach Mitternacht mit der Anna durch die Albert-Roßhaupter-Straße gefahren, als ihn von hinten ein Auto mit den Scheinwerfern anblitzte. »Zuerst«, sagt er, »hab ich den Innenspiegel verstellt, weil mich des geblendet hat. Dann hab ich, weils net aufghört hat, den linken Arm zum Fenster naus und mit der Hand gewunken, damit es vorbeifahrt.«
So nahm also die Staatsaktion ihren Lauf: Der Wagen fuhr vorbei, der Robert wurde mit der roten Polizeikelle gestoppt, er stieg aus, der Polizeimeister Andreas stieg aus und begrüßte ihn mit der beliebten Frage nach dem werten Durst: »Ham S' was trunkn?« Der Robert sagte: »Ja.« Darauf der Herr Polizist: »Blasn S' amal. Und im übrigen, belei-

digen laß i mi von Eahna net.« Anschließend machte man gemeinsam einen Besuch im nächsten Revier, wo der Robert den Alkomaten bedienen durfte. »Geh, schickts es doch weiter, hat hernach ein Beamter gesagt«, erinnert sich der Robert. Aber der Beamte, der ihn gestoppt hatte, erklärte: »So, jetzt mach i a Anzeig.«

Als Zeuge verrät der Andreas dem Gericht, daß der Wagen deshalb gestoppt wurde, weil er Schlangenlinie fuhr. »Wieviel?«, möchte der Vorsitzende wissen. »Ein paar Zentimeter«, erklärt er. Der medizinische Sachverständige betont, daß Polizisten natürlich immer ein recht gutes Auge haben, aber ein paar Zentimeter Schlangenlinie seien keine alkoholtypische Fahrweise. Dafür genüge schon eine geringe Unebenheit der Straße. Fortan geht es also nur noch um den Stinkefinger. Leider kann die Anna dazu wenig sagen, weil sie keine Röntgenaugen hat. Zwischen ihr und Roberts Wedelhand im Freien befand sich ja die Fahrertür.

Der Herr Verteidiger meint zum Andreas: »Sie haben doch grad selber gesagt, daß der Angeklagte Sie als Polizist vermutlich noch nicht erkannt hat, als er Ihnen angeblich das Zeichen machte, und daß Sie hernach keinerlei Aversion gegen sich als Polizist verspürten.« – »Ja«, bestätigt der Andreas. »Unter normalen Menschen wäre das dann mit einer Entschuldigung abgetan«, meint der Anwalt. Dem Andreas seiner Antwort ist nun zu entnehmen, daß er ohne Uniform auch ein normaler Mensch ist. »Wenn ich privat unterwegs gwesen wär«, sagt er nämlich, »hätt mich des net gstört.«

Für die 0,77 Promille gibt es Freispruch, und viel wert ist die Majestätsbeleidigung auch nicht. Sie kostet 15 Tagessätze à 20 DM. Dem Verteidiger kommt das Urteil aber trotzdem spanisch vor. »Weil«, sagt er, »ein Polizist, der als Polizist nicht erkannt wurde, kann gar nicht als Polizist beleidigt werden.« Der Gedanke gefällt ihm so gut, daß er gleich als nächstes über einen Einspruch nachdenken will.

Was geht das Ganze eigentlich den Bruno an?

Der Bruno schaut ziemlich traurig von der Anklagebank zum Richter hin und deutet an, daß er eigentlich ein rechter Ehekrüppel ist. Bei der Scheidung hat nämlich seine Frau alles bekommen, sogar den großen BMW.»Also, im Klartext«, sagt der Vorsitzende mit gerunzelter Stirne,»Sie san an dem Tag net gfahrn.« –»Ich hab ja das Auto nicht ghabt«, erwidert der Bruno, und vor lauter Trübsal über den herben Verlust hätte er beinahe noch hinzugefügt:»Leider.« Doch hinter dem»lei...« macht er den Mund ganz schnell wieder zu. Nun befinden sich aber zwei Papiere auf dem Richtertisch. Aus einem geht hervor, daß auf der Überholspur der Autobahn ein Mann am Steuer dieses BMW viel zu dicht hinter einem Opel hergefahren ist. Der Vorsitzende schließt daraus, daß es nicht die Frau des Angeklagten gewesen sein kann. Außerdem liegt von ihr die schriftliche Aussage vor, daß sie den Fahrer nicht benennen will, da sie ein Zeugnisverweigerungsrecht gegenüber ihm habe. Vorsichtig forscht der Amtsrichter beim Bruno nach, ob es da vielleicht eine neue Verbindung gebe. Aber der Bruno weiß nur, daß sein Steuerberater einmal zu ihm gesagt hat:»Ihre Frau war mit ihrem Verlobten da.«
Fortan verfällt der Bruno in tiefes Schweigen, weil ihn die weitere Verhandlung gar nichts mehr angeht. Er setzt sich ein bißchen schräg hin, damit er den überaus interessanten Blick durchs Fenster auf die wunderbar kahlen Bäume samt den Hausdächern in ihrer steilen Vielfalt einschließlich der grauen Mauerfronten genießen kann und nicht immer nur die Zeugen fixieren muß, was sich fremden Leuten gegenüber bekanntlich nicht gehört. Doch die Anna tut so, als sei ihr der Herr irgendwie bekannt.

Sie ist die Ehefrau des Opelfahrers. »Kuck mal nach hinten«, hatte ihr Mann seinerzeit auf der Autobahn gesagt. Sie hat den Kopf umgedreht und ist sofort in Panik verfallen. »Da klebte ein Wagen so nah hinter uns, daß ich weder dessen Kühlergrill noch Lampen sehen konnte, sondern nur die hintere Hälfte der Kühlerhaube. Und das bei Tempo 80. Am Steuer saß ein Mann.« – »War dieser Herr der Fahrer?«, fragt der Richter und deutet auf den Bruno. »Das Alter könnte stimmen«, antwortet die Anna. Mit Sicherheit weiß sie aber nur, daß der Fahrer rechts einen Scheitel hatte. Alle schauen den Bruno an und stellen fest, daß er den Scheitel links hat. Jetzt kommt es auf den Opelfahrer an. Aber er sah hauptsächlich auch nur die zweite Hälfte der Motorhaube. Dann sei seine Frau vor Panik hysterisch geworden und habe gerufen: »Fahr rechts rüber.« Dabei habe es fast einen Zusammenstoß mit einem roten Wagen gegeben, der plötzlich aus dem toten Winkel auftauchte, weshalb er wieder nach links zog und schließlich erneut nach rechts. Anschließend habe der BMW überholt. Mit Sicherheit könne er nicht sagen, daß dessen Fahrer der Angeklagte war, allerdings könnte das rundliche Gesicht schon stimmen. Jetzt schauen wieder alle den Bruno an, schließlich sagt der Richter: »Ich würde das Gesicht eher länglich nennen.«

Der Bruno hat sich an den kahlen Bäumen und den steilen Hausdächern samt der grauen Mauerfronten in dem Moment sattgesehen, als der Staatsanwalt aufsteht und sagt, daß er in dem Fall Freispruch beantragt. Noch ehe der Richter das Urteil verkünden kann, wird es dem Opelfahrer langweilig. Er flüstert seiner Frau zu: »Komm, gehn wir, das ist gelaufen.« Draußen meint er: »Ich hätte seine Verteidigung natürlich auch so angelegt.« Der Opelfahrer kennt sich aus, er ist Anwalt.

Die Sache mit dem Schnee

Es war an einem jener seltenen Tage des vergangenen Winters, wo der Schnee nicht nur auf den Hausdächern ungefähr 17,3 Minuten liegenblieb, sondern auch auf den Dächern der Autos. Den Golf vom Dieter zierte ebenfalls so eine weiße Haube. Obwohl sie schon längst zerronnen ist, spielt sie in der heutigen Verhandlung eine gewisse Rolle. Auf der Anklagebank sitzt der Albert. Fahrerflucht soll er mit seinem Taxi begangen haben, doch er sagt:»I woaß nix.«
Auf der Wolfratshauser Straße kam es zu dem umstrittenen Parallel-Slalom zwischen Taxi und Golf. Weil der Albert sah, daß weiter vorne die Fahrbahn nur noch einspurig ist, gab er ein bißchen mehr Gas, zog rechts am Golf vorbei, setzte sich vor dessen Kühlerhaube und fuhr weiter.»Ganz korrekt«, gibt er zu,»war das grad net. Aber es is ja nichts passiert.« Jedenfalls hat er nichts gehört und nichts gesehen. Nur gewundert hat er sich schließlich, weil ihm der Golf so treu auf den Fersen blieb.
Ungefähr einen Kilometer später wunderte sich der Albert noch mehr. Da preschte der Dieter mit seinem Golf vor, versperrte ihm die Fahrbahn, sprang aus dem Wagen, riß die Taxitüre auf und schrie:»Jetzt gebn S' mir alles.« Der Albert überlegte krampfhaft, was er dem aufgeregten Herrn eigentlich alles geben soll, doch der notierte bereits das Kennzeichen, schrie was von Anzeige und Fahrerflucht, sprang wieder ins Auto und fuhr los. Vorsichtshalber ließ der Albert sein Taxi fotografieren.
Der Amtsrichter zwirbelt nach einer halben Stunde seinen Bart und sagt, daß er das Ganze eigenartig findet. Vom Dieter bekam er eine größere Rechnung über die Schadensreparatur vorgelegt, ein unbeteiligter Zeuge hat ihm erklärt, daß beim Rechtsüberholen zwischen Taxi und Golf höchstens noch eine Zeitung gepaßt habe oder vielleicht auch nicht ein-

mal das, weil nämlich im gleichen Moment der Schnee vom Golfdach gerutscht ist, was doch eher auf eine Berührung schließen lasse. Das Foto vom Taxi dagegen zeigt an den linken Stoßstangenenden vorne und hinten nur unbedeutende Kratzer.

Zum Glück gibt es für solche Fälle den Sachverständigen. Als erstes räumt er mit dem Schnee auf. »Daß der vom Dach gerutscht ist, sagt gar nichts«, stellt er fest. »Des kann von einer Unebenheit der Straße kommen oder vom Luftzug.« Dann schaut er sich die Rechnung vom Dieter seiner Werkstätte an: Stoßstange erneuert, Kühlergrill erneuert, Kotflügel erneuert und lackiert, Kühlerhaube lackiert, defekte Scheinwerfer erneuert.

Das ist dem Sachverständigen des Guten zu viel. Er schüttelt den Kopf und erklärt: »So ein Schaden paßt mit den Kratzspuren an den Taxistoßstangen überhaupt nicht zusammen.« Dem Amtsrichter fällt zudem auf, daß sich der Dieter den umfangreichen Schaden nicht von der Polizei hat bestätigen lassen. »Irgendwas ist da passiert«, stellt er recht zweideutig fest und spricht den Albert frei.

Der meint hernach: »Freili is da irgendwas passiert. Solche Tricks kennt doch a jeder Autofahrer.« Aber beklagen will er sich trotzdem nicht. Denn wer weiß, sagt er, was ihm vor Gericht passiert wäre, wenn nicht dem Dieter das mit der komischen Reparaturrechnung passiert wäre.

No problem für den Autovermieter

Wieder ist Termin im ewigen Zivilstreit zwischen dem Autovermieter und dem Hans. Es geht um einen Leihwagen, der plötzlich zu stinken angefangen hat, als er eigentlich anfahren sollte. Hernach war die Kupplung kaputt. Anschließend mußte der Leihwagen abgeschleppt werden. Dabei hatte ihn der Hans extra gemietet, um damit einen Mercedes zu schleppen.

Nun heißt es plötzlich, das sei überhaupt nicht ausgemacht gewesen, und drum möchte der Herr Autovermieter für den entstandenen Schaden 1200 Mark vom Hans. Doch dessen Anwalt hat diesmal den Rudi mitbringen lassen – von zwei Polizisten. Der Rudi sitzt nämlich wegen einer anderen Sache in U-Haft. Er war damals dabei und weiß deshalb alles ganz genau.

Im Gerichtssaal begrüßt er zuerst, wie sich das für einen braven Sohn nach längerer Abwesenheit gehört, die Eltern. Er umarmt den Papa, der ihn dabei schon ein bißchen streng anschaut. Dann umarmt er die Mama, die ganz aufgeregt fragt: »Wie geht's dir denn, Bub? Geht's dir gut?« Anschließend erklärt ihm der Vorsitzende, wie viele Monate er als Zeuge bei eidlicher oder auch uneidlicher Falschaussage bekommt. »Okay«, antwortet der Rudi, »wo soll i denn ofanga?«

Er fängt mit dem Telefonrundruf bei verschiedenen Autoverleihern an, wo er immer gesagt hat: Ein Auto tät man brauchen, an das man einen Autotransporter hinhängen möcht, mit dem man nämlich ein Mercedes-Coupé aus einer Tiefgarasch rausschleppen wollt, was zwei Tonnen wiegt. Die Autovermietung T. habe darauf geantwortet: »No Problem.« Der Hans und der Rudi sind sofort hin, haben die ganze Litanei vom Telefon vorhin wiederholt und bekamen wieder zur Antwort :»No Problem.« Dann bekamen sie einen Jeep.

In der Tiefgarage gab es doch allerhand Problem. Zuerst riß die Seilwinde, als der Mercedes auf den Autotransporter gezogen werden sollte, dann fuhr der Jeep keinen Millimeter mehr wegen der kaputten Kupplung. Inzwischen schimpften schon einige Mieter, die mit ihren Wagen nicht mehr rauskamen, weil Autotransporter und defekter Jeep die Auffahrt blockierten, worauf endlich auch noch der Hausmeister kam und schrie:»Ja wo samma denn?« Die Amtsrichterin sagt: »Jetzt sieht die Sache aber anders aus.« Ein Vergleich wäre bei dem Streit um 1200 DM nun wirklich zu überlegen.

Der Kläger-Anwalt findet das überhaupt nicht.»Da wird in der Tiefgarage schon so herumgegurkt worden sein«, meint er,»daß die Kupplung kaputtgehen mußte.« Der Anwalt vom Hans meint, ein Jeep könne in einer Tiefgarage eigentlich nur dann kaputtgehen, wenn man eventuell senkrecht die Wände hochfahre. Sofort behauptet der Kläger-Anwalt, daß der Jeep aber brandneu war. Doch dem Hans sein Anwalt erwidert, ein neues Auto sei für ihn neu und keine drei Jahre alt. Der Kläger-Anwalt antwortet:»Dann muß halt der Sachverständige die durchgebrannte Kupplung begutachten.«

Die Frau Vorsitzende hat sich bisher alles schön angehört. Nun fürchtet sie aber, daß ein Sachverständiger wenig bringt, weil er den Zustand der Kupplung ja vor Antritt der Fahrt nicht kennen könne. Ein Vergleich wäre also doch überlegenswert. Sofort geht der Streit wieder los, diesmal über zwei Drittel zu ein Drittel, aber wer zahlt die zwei Drittel und wer das andere? Das müsse wirklich überlegt werden.»Na schön, neuer Termin«, seufzt die Richterin. Nur der Rudi findet das nicht schlimm, er sagt zur Mama:»Des is fei scho lustiger als wia de U-Haft.«

Emma und die Wilde Radler GmbH

Vielleicht ist die Emma manchmal sehr in Gedanken, vielleicht leidet sie auch nur an einer bei Radfahrern häufigen Farbenblindheit. An einem Apriltag jedenfalls radelte sie bei Rot über die Kreuzung und bog anschließend nach links ins Rosental ein. Dort überhörte sie dann den Herrn Polizeiobermeister Rudolf. Der setzte zu einem kurzen Sprint an, weshalb beide doch noch ins Gespräch kamen. Nun sitzt die Emma wegen Beleidigung auf der Anklagebank. Für sie ist das eine ganz große Ungerechtigkeit. »Weil«, sagt sie, »ich überhaupt nichts getan hab'. Außerdem war die Ampel nicht auf Rot, sondern auf Grün geschaltet. Und deshalb war ich schon sehr verwundert.« – »In Ihrer Verwunderung«, sagt der Amtsrichter, »ham S' dann dem Polizisten erklärt, daß er sein idiotisches Verhalten einstellen kann und daß er ein Arschloch ist.« Die Emma will aber höchstens von idiotischem Verhalten geredet haben.

Der Rudolf hatte an dem Tag strikten Befehl, auf die Wilde Reiter GmbH der Radler aufzupassen. »Manche fahrn ja grad, wies wolln«, erklärt er. Kaum stand er also auf seinem Posten, kam schon die Emma daher – grad, wie sie wollte, nämlich bei Rot über die Kreuzung. »Halt!«, hat er gerufen, aber die Emma ist, grad wie sie wollte, einfach weitergefahren. Doch gleich darauf mußte sie bremsen, weil der Bus aus der Haltestelle in die Fahrbahn einscherte. Da hat der Rudolf sie erwischt.

Polizisten im Dienst haben bekanntlich eine ausgeprägte Abneigung gegen Diskussionen, die sich über mehr als drei bis vier Worte erstrecken. Die Emma wollte aber so eine vom Zaun brechen. Sie meinte zunächst, sie könne ja nicht jedesmal stehen bleiben, nur weil jemand »Halt!« ruft. Außerdem wolle sie jetzt weiterfahren, weil sie nichts getan habe. Doch der Rudolf antwortete nur: »Ihre Papiere bitte.« Nun fragte die Emma sehr aufgeregt und ziemlich laut, ob sie vielleicht eine Schwerverbrecherin sei.

Inzwischen hatte sich schon ein schöner Halbkreis von Neugierigen gebildet. Der Rudolf, der keinen Auflauf mag, drohte:»Wenn Sie Schwierigkeiten machen, bin ich gezwungen, Verstärkung zu holen.« Da rückte die Emma ihre Papiere heraus und sagte, daß er nun sein idiotisches Verhalten einstellen kann. Während der Rudolf die Dokumente überprüfte, zischelte eine Stimme noch:»Arschloch.« – »Das kam eindeutig von der Dame«, behauptet er.

Zwei andere Zeugen haben das Zischeln auch gehört. Sie behaupten allerdings, daß es nicht unbedingt von der Dame gekommen sein müsse, weil ja noch genug andere Leute herumstanden. Der Staatsanwalt erklärt, bei dem gezischelten Wort gelte für ihn der Grundsatz: Im Zweifel für den Angeklagten. Trotzdem kommt er auf 600 DM Geldstrafe. Die Emma sagt empört, daß sie für nix und wieder nix nix zahlt.

Der Richter stellt fest:»Der Ausdruck idiotisches Verhalten ist auch eine Beleidigung.« Sein Urteil lautet auf 250 DM Geldstrafe. Nun möchte die Emma sofort darüber diskutieren, weil sie auch die 250 DM nicht zahlen will. »Für heut«, winkt der Richter ab, »is ausdiskutiert. Mit mir können S' übers Urteil überhaupt net diskutieren, des müssen S' mit einem andern Gericht machen.« Dann gibt er ihr ein Merkblatt, auf dem für diesen Fall alles steht. Die Emma verspricht ziemlich drohend, daß sie es sehr genau studieren wird. »Dafür is' ja da«, meint der Richter.

Wäwäwä, lalala oder blablabla?

Eigentlich kam die Astrid in den Polizei-Auflauf wie die Jungfrau zum Kind. Das behauptet sie jedenfalls. Trotzdem sitzt sie jetzt wegen Beleidigung auf der Anklagebank. Einen Schandi soll sie beim Sprechen nachgeäfft haben, und dann hat sie ihm angeblich auch noch die Zunge herausgestreckt. Der Herr Vorsitzende, die Staatsanwältin und der Verteidiger müssen sich mit der weltbewegenden Frage beschäftigen, wie die Astrid die Zunge herausgestreckt hat. Am schwersten tut sich dabei die Staatsanwältin, sie ist nämlich heiser und bringt kaum ein Wort heraus.

Beim Haus Barer Straße 68 war am 19. Oktober letzten Jahres ein Info-Stand aufgebaut. Junge Leute verteilten gelbe Schriften, in denen zu lesen war: »Hier stehen seit 8 Jahren 7 Wohnungen leer.« Einige gingen in das Haus hinein und hängten ein Transparent zum Fenster hinaus. Wie nach einem warmen Regen die Pilze im Wald, so wuchsen aus den Ritzen des Straßenpflasters sofort lauter grüne Männchen. Am Schluß waren es an die 50 Polizisten. Sie sagten, das mit dem Transparent sei eine Hausbesetzung, und verlangten die Personalien.

Von der Astrid wollte zunächst niemand etwas. Vielleicht stand sie ein bißchen abseits, weil sie die jungen Protestler angeblich gar nicht kannte. Trotzdem sitzen die jetzt als Zuhörer im Gerichtssaal und gähnen, weil's für sie noch mitten in der Nacht ist. Aber der Astrid, die sie doch eigentlich gar nicht kennt, wollen sie schon ein bißchen Beistand leisten. »Würden auch Sie bitte aufstehen«, sagt der Vorsitzende zu ihnen, ehe er auf seinem Richterstuhl Platz nimmt. »Wenn S' moana«, brummelt einer ganz mutig zurück. »Mei, des ist halt mal so«, antwortet der Vorsitzende lächelnd. Jetzt kommt der Astrid ihre Zunge dran. Der Herr Zugführer von der Polizei erzählt, daß er gerade mit einer Personalienfeststellung beschäftigt war, als die Astrid seine Stimme nachmachte. Da hat er sich noch nicht beleidigt gefühlt. Aber dann machte es die Astrid wieder, und alle Leute drumherum haben gelacht; da hat er sich dann schon beleidigt gefühlt. »Was hat sie denn gemacht?«, fragt der Vorsitzende. »Sie blubberte so«, sagt der Herr Zugführer, »so wäwäwä hat sie gemacht.« Es könnte aber auch so geklungen haben: »Lalala oder blablabla.« Und dazu hat sie die Zunge rausgestreckt.

Der Verteidiger möchte es ganz genau wissen: »Hat sie die Zunge rausgestreckt wie ein Kind, das jemand die Zunge rausstreckt, oder hat man die Zunge nur so weit gesehen, wie man sie sieht, wenn man lalala oder blablabla macht?« Der Zeuge Zugführer denkt scharf nach und meint: »Wie ein Kind hat sie die Zunge eigentlich nicht rausgestreckt.« – »Also nicht wie ein Kind«, hält der Vorsitzende aufatmend fest. Ein allgemeines Zungenrausstrecken zu Demonstrationszwecken muß nun nicht stattfinden. Die Frau Staatsanwältin, die sich wegen ihrer Heiserkeit mit dem Reden hart tut, hat keine Fragen dazu.

Der Verteidiger meint: »Wenn jemand zu mir lalala oder blablabla oder wäwäwä sagt, würde ich mich nicht beleidigt fühlen.« Der Vorsitzende erklärt, daß auch er wirklich gravierendere Fälle von Beleidigung kennt. Am liebsten würde er das Verfahren einstellen, doch die heisere Staatsanwältin schüttelt den Kopf. Wahrscheinlich wegen der Autorität der Polizei-Uniform.

Mit 150 DM Geldstrafe kommt die Astrid davon. Die jungen Protestler umringen sie und fragen: »Was machen wir jetzt?« Sie sind sich schnell einig, daß das Wetter heute besonders schön ist und sie zum Beispiel noch nie so früh am Tag in einem Biergarten gesessen haben. Damit war dieses Problem auch gelöst.

Für den Ewald schon wieder ein Fehlurteil

Eines Tages fühlte sich der Ewald wieder wie einst im Mai. Dabei war draußen immer noch Winter, und graue Haare hatte er auch schon. Aber seit dem Ausflug nach Holzkirchen schien einfach immer die Sonne, weil ihm das Schicksal die ziemlich jüngere Barbara an den Kaffeehaustisch gesetzt hatte. Es dauerte gar nicht lange, dann gab der Ewald seine Wohnung auf, weil ja die Barbara eine hatte. Leider dauerte es dann auch nicht lange, bis ihm die Barbara den Koffer wieder vor die Tür stellte. »O je«, sagt der Vorsitzende, »des hat ma öfter, daß da direkt a Haß draus wird.« Wegen Beleidigung seiner Barbara sitzt nämlich der Ewald auf der Anklagebank.

Zunächst möchte er gleich wieder gehen, weil ihm der Richter keinen Pflichtverteidiger geben will. Der Richter sagt, das hätte er sich schon früher überlegen müssen, und außerdem braucht er für diesen Fall laut Paragraph 140 überhaupt keinen Pflichtverteidiger. »Dann sag i nix. I laß doch net alle auf mir rumhackn«, erklärt der Ewald. »Das geht«, erwidert der Richter, »aber i hätt da eine andere Frage: Sie ham doch de Frau amal mögn?« – »Mei, ja scho eigentli«, antwortet der Ewald. »Und«, fragt der Richter, »mögn Sie sie no?« Trotzig antwortet der Ewald, daß er das nicht weiß. »Wissen S'«, meint der Richter, »a kleine Entschuldigung wirkt manchmal Wunder.« – »Na«, sagt der Ewald. »O je«, seufzt der Richter. Immerhin hat jetzt der Ewald ganz vergessen, daß er eigentlich nichts sagen will. Ausführlich erklärt er, daß die Anklageschrift hinten und vorne nicht stimmt. Nie hat er die Barbara übers Telefon beleidigt. Angerufen hat er nur deshalb, weil er seine Sachen haben wollte und das Geld, das er für sie ausgegeben hat. »Übers Telefon also net«, meint der Vorsit-

41

zende und holt einen Brief aus den Akten. »Der beginnt«, erklärt er, »mit einem beliebten bayerischen Ausdruck, nämlich: Du kannst mich am Arsch lecken. Dann folgen noch allerhand Schimpfworte, zum Beispiel Hure und Schlampe.« – »Da bin i halt entgleist, weil i mi gärgert hab«, gibt der Ewald zu.

Ein paar andere Entgleisungen kann die Barbara noch beisteuern: »Einmal hat er am Telefon gesagt, daß ich mein Testament machen soll, weil er jetzt eine Knarre bekommt«, erinnert sie sich. Ein anderes Mal habe er geschrieben: »Letzte Mahnung. Entweder du wirst sofort vernünftig und eine Versöhnung herbeiführen, oder ich werde nie, nie Ruhe geben.« – »Wie ham S' denn den überhaupt losbracht?« möchte der Richter wissen. Die Barbara sagt, daß sie die Schwester und den Vater geholt hat und die haben mit ihm geredet und daß der Schwager sofort ein neues Türschloß eingebaut hat, als er einmal fort war. Inzwischen hat sie privat auch eine geheime Telefonnummer und im Büro eine neue Nebenstellennummer.

Jetzt geht es nur noch um die Vorstrafen. »Beleidigung, Nötigung, Bedrohung, wieder Beleidigung. Ganz schön temperamentvoll warn ma da«, stellt der Richter fest. »Lauter Fehlurteile«, erklärt der Ewald. Für die neuen Beleidigungen bekommt er 6000 Mark Geldstrafe. Außerdem wird ihm jeder Kontakt zur Barbara verboten. »Das gilt nicht für Ihre Forderungen«, erklärt der Richter, »aber die müssen sachlich gestellt werden. Also nix mit Schlampe und so.«

Der Ewald findet, daß es sich schon wieder um ein Fehlurteil handelt und verkündet: »I geh sofort in Berufung.« Der Richter empfiehlt ihm, zunächst einmal heimzugehen.

Wenn der Erich sich ärgert . . .

Im Norden Münchens gibt es zwei Eigentumswohnanlagen, die ziemlich nahe beisammenliegen. In der Anlage Nr. 1 hat der Angeklagte Erich seine Wohnung, und dort war er auch Vorsitzender des Verwaltungsbeirats der Eigentümer. In der Wohnanlage Nr. 2 wohnt der Zeuge Egidius. Weil er in der Anlage Nr. 1 ebenfalls eine Wohnung besitzt, kann er in deren Beirat der Eigentümer ein Wörtchen mitreden. Letzten Oktober hat er das gemacht, worauf der Erich nicht mehr gewählt wurde. Ab sofort war Feuer am Dach. Der Egidius bekam zuallererst einen bösen Brief. Immerhin stand unter dem Schreiben noch:»Mit vorzügl. Hochachtung, Erich.« Aber dann begann eine überaus geheimnisvolle Sprüherei in der Wohnanlage Nr. 2. Ganz ohne jede Unterschrift. Doch der Erich will es nicht gewesen sein.

Jeden Morgen, wenn der Egidius aus der Haustüre trat, sah er neue Aufschriften an den Hauswänden. Manchmal zehn Meter lang, manchmal vier Meter lang.»Egidius Schmutz«, »Egidius Dreck«,»Egidius raus«,»Egidius go home«, konnte er da lesen.»Ganz fertig war i«, sagt der Egidius vor Gericht. Außerdem mußte er an seine Ehre denken, erklärt er, weil er nämlich in der Anlage Nr. 2 selber Beiratsvorsitzender ist.

Fortan konnte der Egidius nur noch schlecht schlafen, deshalb verzichtete er alsbald ganz auf die Bettruhe. Statt in die Federn legte er sich auf die Lauer. Weil in solchen Fällen ein Zeuge nie schaden kann, machte der Hausmeister Jakob mit. Als Signal vereinbarten sie den Ruf:»Hilfe, Polizei.« Dann zog sich jeder in sein Versteck zurück und wartete.

Eines Nachts war es soweit. Der Jakob sah eine Gestalt an der Hauswand hantieren und rief:»Hilfe, Polizei.« Sofort rannte der Unbekannte in Richtung Wohnanlage Nr. 1, aber der Egidius, mit einer langen Latte in der Hand, schnitt ihm den Weg ab. Der Unbekannte drehte wegen der drohenden Latte den Kopf zur Seite und zeigte seinem Verfolger dabei das Gesicht. Nun rief der Egidius: »Des is der Erich, der Erich.« Gleich darauf stolperte er jedoch und fiel hin. Als der Egidius wieder auf den Beinen stand, war der angebliche Erich schon über alle Berge. Dafür stand ein halbes Dutzend Funkstreifenwagen mit viel Blaulicht herum. Andere Leute der Wohnanlage hatten sie alarmiert, als aus der stockdunklen Nacht der Ruf in ihre Schlafzimmer drang: »Hilfe, Polizei.« Der Erich wurde zur Kripo gebeten, machte aber keine Angaben.

Vor Gericht sagt er nun etwas ziemlich Komisches: »Die Reparatur der Sprühereien soll fünfzehntausend Mark kosten, das kommt mir sehr hoch vor.« »Wieso?«, möchte der Anwalt vom Egidius wissen, der als Nebenkläger auftritt. »Ich habe mich erkundigt und erfahren, daß es viel billiger geht«, erklärt der Erich. »So«, anwortet der Herr Anwalt, »Sie haben sich erkundigt, obwohl sie es gar nicht gewesen sein wollen. Seltsam.«

Dem Herrn Amtsrichter reichen bereits die Aussagen von Egidius und Jakob. Er verurteilt den Erich zu 90 Tagessätzen à 100 DM. Einer aus der Anlage Nr. 1 meint: »De Wohnungen liegn ja schön. Aber wenn ma achtazwanzg Quadratmeter hat wia der Erich für Küch, Bad, Schlafen, Wohnen, Arbeitn, dann is des schee für an Studenten. A ausgwachsner Mensch aber muaß da ja narrisch werdn. Irgendwie tuat mir der Erich leid.«

Dem Siegfried half nicht mal die schönste Arbeiterlyrik

Der Siegfried befindet sich zwar schon im Ruhestand, auch als Gewerkschaftler, aber sein Herz schlägt immer noch links. Manchmal küßt ihn auch eine ziemlich proletarische Muse. Dann setzt er sich hin und schreibt zum Beispiel über eine Verkäuferin: Zwischen Rolltreppen und Fahrstuhlschacht welkt ihr Leben dahin. Arbeiterlyrik nennt er das. »Und was wolln S' jetzt mit Ihrem Einspruch gegen den Strafbefehl?«, fragt ihn der Vorsitzende. »Einen Freispruch«, antwortet der Siegfried. Einen Arbeiter habe er nämlich noch nie beschimpft und einen Gastarbeiter schon gleich gar nicht.

Angefangen hat es ja mit einem Brief an die Hausverwaltung, und dann kam erst die Sache mit den Papiertaschentüchern. Doch der Amtsrichter mag die Vorgeschichte nur kurz und die Vorvorgeschichte fast überhaupt nicht hören. Ihm genügt schon völlig, daß da auch noch drei Dutzend Mietparteien eine gewisse Rolle spielen. Sie beschwerten sich nämlich über ihren Hausmeister, einen gewissen Herrn Faruk. »Dadurch kam Spannung auf«, erinnert sich der Siegfried. Vor allem, weil der Herr Faruk seinerzeit murmelte, daß er schon dahinterkommt, wer das Schreiben angezettelt hat. Ob ihm das gelungen ist, weiß man nicht. Weil man nämlich auch nicht weiß, von wem im Siegfried seinen Briefkasten plötzlich jeden Tag die gebrauchten Papiertaschentücher kamen.

An einem Montag im Mai hatte der Siegfried endlich einen ganz dringenden Verdacht. Als der Herr Faruk in den Speicher hinaufging, war sein Briefkasten noch leer. Als aber der Herr Faruk den Speicher und das Haus verlassen hatte, lagen wieder gebrauchte Papiertaschentücher drinnen. Sofort hat

45

der Siegfried bei ihm einen Hausbesuch gemacht und höflich gefragt, ob er ihn vielleicht mit den gebrauchten Taschentüchern schikanieren will.

Jetzt möchte der Amtsrichter alles ganz genau wissen, weil es nun um die Wurst geht. Aber der Siegfried kann ihm nur sagen: »Er ist auf mich los, es gab ein Gezerre, seine Frau hat ihn zurückgehalten und dann hat er mich Arschloch und Idiot genannt.« – »Und was haben Sie gesagt?«, fragt der Vorsitzende. »Wie der sich bei uns aufführt«, antwortet der Siegfried. »Sonst nichts?« – »Nein, sonst nichts«, beteuert der Siegfried.

Der Herr Faruk und seine Frau haben allerdings etwas ganz anderes gehört. Lauter so ausländerfeindliche Sachen: »Scheißtürken, hat er gesagt, die sollen auch verbrannt werden, und in die Scheißtürkei sollen sie zurück.« Empört schüttelt der Siegfried den Kopf. Der Vorsitzende überlegt kurz, dann sagt er zu ihm: »Ich mache eine Pause. Überdenken Sie, ob Sie den Strafbefehl nicht besser doch annehmen. Ein Urteil könnte teurer kommen.«

Fünf Minuten braucht der Siegfried, dann nimmt er den Strafbefehl über 1200 Mark mit den Worten an: »Ich weiß, daß ich das nie gesagt habe, aber ich habe keinen Zeugen dafür.« Zum Beweis für seine Gesinnung legt er dem Vorsitzenden eines seiner Arbeitergedichte vor. Der überfliegt es und meint: »Das Gericht muß sich an das Ergebnis der Hauptverhandlung halten. Aber mir ist nicht unbekannt, daß recht haben und recht bekommen manchmal zweierlei ist.« Seit dem Montag im Mai liegen jedenfalls keine gebrauchten Papiertaschentücher mehr im Siegfried seinen Briefkasten.

Indisch auf türkisch – juristisch

Diesmal geht es um Gerechtigkeit auf türkisch. Das stellt sich aber erst ziemlich zum Schluß heraus. Die Lale allerdings will mit nichts zu tun haben, schon gleich gar nicht mit Unterschlagung. Regelmäßig kam sie in die Videothek von Halice und Mustafa und lieh sich Filmkassetten aus. Beim letzten Besuch nahm sie wieder fünf mit und behielt sie. Deshalb treffen sich jetzt die Lale, die Halice und der Mustafa im Gerichtssaal. Der Vorsitzende schaut sich sogleich suchend nach einem Dolmetscher um. »Dolmetsch nix notig«, behaupten alle drei, »wir sehr gut deutsch.«
Das erste Problem taucht auf, als es um die Titel der Videokassetten geht. Es handelt sich dabei um indische Filme auf türkisch. Halice schreibt sie dem Vorsitzenden auf. »Wenn ich sie spreche«, erklärt sie ihm, »niemand verstehen, weil so schwierig.« Er meint, das sei eine gute Idee, nimmt dankbar den Zettel entgegen und versucht, ihn vorzulesen. Seltsamerweise ist aber indisch auf türkisch sogar geschrieben so schwierig, daß es niemand versteht, auch der Amtsrichter nicht. Nach den ersten rätselhaften Lauten stellt jedenfalls er seinen Versuch ganz schnell ein.
Die Lale sagt, sie könne sich schon vorstellen, wie das Ganze passiert ist. Da gebe es eine Freundin, und vor der habe sie sogar in der Videothek gewarnt. Die schlimme Freundin nämlich habe hin und wieder Kassetten auf ihren Namen ausgeliehen: »Wenn was passiert, ich nicht schuld, hab ich gesagt.« Als Beweis für ihre Unschuld führt die Lale noch an: »Polizei kam in Wohnung, gesucht, nicht gefunden Kassetten, weil ich nicht haben. Freundin hat Kassetten. Sie hat geholt.« – »Verstehe«, sagt der Vorsitzende, »und wo ist die Freundin?« – »In Türkei«, antwortet die Lale.
So eine Freundin müßten natürlich auch die Halice und der Mustafa kennen. Doch beide behaupten, daß sie nur die Lale

im Laden gesehen haben und daß die fünf Videofilme auch in deren Kundenkartei stehen. Sofort möchte der Herr Verteidiger wissen, wer was wo einträgt und wie man sieht, ob Filme noch ausgeliehen sind oder schon wieder zurückgebracht wurden und ob man es vielleicht gar nicht weiß, weil doch manchmal drei Leute im Laden durcheinanderarbeiten. Das geht so lange hin und her, bis der Verteidiger nicht mehr richtig deutsch kann und seine Frage so formuliert: »Wenn Film nicht zurück, dann sehen wie?« – »Aus Karte«, antwortet die Halice nun etwas unwirsch, weil sie das schon mindestens fünfmal gesagt hat.

Vom Mustafa erfährt das Gericht endlich, was es mit den Kassetten eigentlich auf sich hat. Er und seine Frau haben nämlich Lales Mutter eine Putzstelle vermittelt. Immer wieder sei er zur Lale in die Wohnung und habe gesagt: »Warum Filme nicht bringen? Sie immer geantwortet, weil Putzstelle Mutter nicht zahlen. Du dich kümmern. Aber ist nicht meine Sache.« Das findet auch der Vorsitzende. Er verurteilt die Lale zu 30 Tagessätzen à 50 Mark. »Und wo Kassetten?«, fragen Halice und Mustafa, weil sie mit Lales 1500 Mark an die Staatskassa nichts anfangen können. »Kassetten nicht meine Sache«, erfahren sie vom Richter, »Sache von Zivilklage.«

Wem gehört denn jetzt der Scheck?

Wieder einmal geht es um eine ganz einfache Geschichte, nämlich um einen Verrechnungsscheck über 509,40 DM. Weil er aber durch viele Hände gegangen ist, kommen auch noch ein paar Leute dazu. Zum Beispiel der Leo, auf den er ausgestellt wurde, dem Leo seine 82jährige Oma, aus deren Wohnung der Scheck auf geheimnisvolle Weise verschwand, dem Leo sein Onkel, ferner der Reinhold, ein Bekannter vom Leo, und schließlich noch ein Nachbar vom Reinhold mit Namen Michael. Dieser sitzt auf der Anklagebank. Der Staatsanwalt fragt den Richter, worum es überhaupt geht, weil ihm kein Mensch die Handakten gegeben hat. Dann liest er tapfer aus der Anklageschrift vor, daß nach den Ermittlungen der Michael einen Briefkasten aufgebrochen, aus ihm den Verrechnungsscheck gestohlen und diesen auf seinem Konto eingelöst hat. Der Briefkasten gehört zur Wohnung vom Leo seiner Oma und befindet sich in der Münchner Ampfingstraße. Der Michael indessen wohnt in Waldkraiburg und sagt, daß er keine Münchner Ampfingstraße kennt, ob mit oder ohne Oma. Der Onkel vom Leo bestätigt dem Richter, daß er alle Leute kennt, die bei der Oma aus- und eingehen, aber den Michael kennt er nicht. Eher den Reinhold.

Jetzt steht der Michael schon besser da, denn er behauptet: »Den Scheck hab i vom Reinhold.« Nun möchte der Vorsitzende wenigstens wissen, wieso und warum. »Ganz einfach«, antwortet der Michael, »i hab a Konto und er hat keins. Drum hat er den Verrechnungsscheck net verrechnen lassen können.« Der Michael aber reichte ihn ein und zahlte die Summe dem Reinhold aus. »Ein Mensch ohne Konto mit einem Scheck auf einen fremden Namen, ist Ihnen das nicht zumindest komisch vorgekommen?«, fragt der Staatsanwalt. »Na«, sagt der Michael, »weil ich de Schecks net angschaut hab. Bloß de Summe.« Der Verteidiger meint, sein Mandant sei ja schließlich nicht die Bank, die hätte doch aufpassen müssen.

Jetzt erweist sich auch der Reinhold als guter Nachbar. Er bestätigt nämlich alles, was der Michael gesagt hat. Das Geheimnis allerdings, wie dem Leo sein Scheck von dessen Oma in München zu ihm nach Waldkraiburg gekommen ist, mag er nicht lüften. Der Vorsitzende hat offenbar so etwas vermutet, weil er dem Reinhold vorher mitgeteilt hat, daß ein Zeuge sich selbst nicht belasten muß. »Den hab i von einer dritten Person, die bei mir Schulden hatte. Mehr möcht i da net sagn«, erklärt er. Sein Freund Leo kann die dritte Person allerdings nicht gewesen sein, der befand sich nämlich zu jener Zeit in Haft.

Inzwischen blickt auch der Staatsanwalt etwas besser durch. Er weiß nun zumindest so viel, daß es mit der Anklageschrift und den Ermittlungen der Staatsanwaltschaft diesmal ganz finster ausschaut. Als schäbigen Rest kann er dem Michael nur noch eine leichtsinnige Nachbarschaftsgefälligkeit vorwerfen. »Doch die ist nicht strafbar«, stellt er fest. Das findet auch der Vorsitzende und spricht den Angeklagten auf Kosten des Staates frei.

Der Herr Verteidiger zieht die Robe aus, packt sie zusammen und sagt zum Michael: »Eigentlich hätt ich heut vormittag zum Arzt müssen wegen meiner Gastritis. Aber die vergeß ich jetzt. Wenn wir schon in München sind, dann gehn wir auch Weißwürst essen. Sonst wär der ganze Freispruch doch nur a halbe Sach.«

Mit dem Geld hat der Peter nur Pech

Der Peter erscheint ohne Anwalt, denn der hat sich ebenso in Luft aufgelöst wie sein Geld. »Ich bin mittellos«, erklärt er und fügt hinzu: »Wahrscheinlich muß ich zahlen. Gibt's da eigentlich so eine Art Armenrecht?« Der Vorsitzende meint: »Wenn S' verurteilt werden, müssen S' zahlen. Dafür gibt es kein Armenrecht.« Jetzt weiß der Peter, daß man eine Geldstrafe auf jeden Fall selber zahlen muß, auch wenn man mittellos ist. Dabei hat er Schulden genug, so zwischen 30000 und 40000 DM. »Ich glaub eher vierzigtausend«, sagt er.

Heute geht es allerdings nur um 2985,88 DM. Um diesen Betrag hat der Peter beim Großhändler Zigaretten eingekauft für seinen Kiosk an der Leopoldstraße, obwohl er schon pleite war. Der Staatsanwalt nennt das Betrug. Doch das häßliche Wort gefällt dem Peter gar nicht. Erstens könne es sein zukünftiges Berufsleben stören, und zweitens sei er durchaus zahlungswillig gewesen, erklärt er. Zahlungswillig, meint der Vorsitzende, reiche halt leider nicht. »Zahlungsfähig, darauf kommt es an«, sagt er.

Nun stellt sich heraus, daß der zahlungswilligste Jungunternehmer nicht zahlungsfähig sein kann, wenn es den bösen Partnern nicht gefällt. Der aufstrebende Peter besaß nämlich außer dem Kiosk an der Leopoldstraße auch einen kleinen Verlag. Im Kiosk saß er, im Verlag ein Geschäftsführer. Eines Morgens war der aber nicht mehr da. Außer einem geplünderten Konto hinterließ er noch einen Berg unbezahlter Rechnungen.

In den Akten steht jedoch drin, daß er vom Finanzamt eine Rückzahlung von 10000 DM bekommen hat. Das sei doch immerhin eine Summe, mit der sich einiges begleichen ließe. Aber da kann der Peter nur ganz traurig lächeln und erklären: »Das hab ich auch gedacht.« Den Batzn Geld schob er deshalb gleich seinem Anwalt hinüber, damit der Verlagsschulden zahlt. Doch der überlegte es sich anders. Bald darauf war über ihn in den Zeitungen zu lesen:»Münchner Rechtsanwalt mit Mandantengeldern spurlos verschwunden.«

Soviel Pech kommt dem Amtsrichter nicht jeden Tag unter. Als der Peter noch einmal beteuert, daß er die Waren nur deshalb bezogen hat, damit er was verkauft, weil er doch keine Schulden begleichen kann, wenn er nichts verdient, meint der Richter schon ziemlich mild:»Das versteh ich schon.« Noch besser sieht es für den Peter aus, nachdem die Christine vom Tabakgroßhandel ausgesagt hat, daß von den ursprünglich 2 985,88 DM nur noch 1 036,30 DM offen seien. Die Differenz sei inzwischen abgestottert worden. Wegen dem Rest möchte der Peter mit der Christine jetzt sofort eine Zahlungsvereinbarung treffen. Doch weil sich die Verhandlungen hinziehen, erklärt der Herr Amtsrichter:»Des müssn S' ja nicht ausgerechnet heut aushandln.«

Im Schlußwort hätte der Herr Angeklagte gern eine möglichst unsichtbare Strafe.»Ich mache gerade eine Umschulung als Reiseverkehrskaufmann und hab schon einen Posten in Aussicht. Aber mit einem Eintrag im Strafregister krieg ich den natürlich nicht, und dann kann ich wieder nichts verdienen, um meine Schulden zu zahlen.« Der Richter murmelt:»Das alte Problem.« Dann findet er, daß er 80 Tagessätze zu je 15 DM gerade noch vertreten kann. Der Peter bedankt sich, weil eine Geldstrafe in dieser Höhe ungenannt bleibt.

Also, auf Wiedersehen«, sagt der Amtsrichter.»Sicher nicht«, antwortet der Peter. Der Vorsitzende lächelt und erwidert:»Irgendwo einmal im Reisebüro, meine ich. Das könnt doch sein.«

Weil der Mario aber auch zu vergeßlich ist . . .

Sollte der Mario beim Tauchen in Maria Einsiedel plötzlich nur den Kopf aus dem Wasser strecken, würde der Bademeister sofort in den Tierpark hinübertelefonieren und fragen, ob da vielleicht eine Robbe ausgekommen ist. Der Mario hat nämlich einen kugelrunden Kopf, in dem Kopf zwei kugelrunde Augen und unter der Nase einen eisgrauen Seehundbart. Vom Mund sieht man rein gar nichts. Wenn der Mario etwas sagt, fangen zuerst die Bartspitzen leicht zu zittern an. Wie jetzt:»Ich kein Betrüger. Betrug ist nix schön.«
Der Vorsitzende findet das auch.»Aber«, sagt er,»Sie haben halt die Arztrechnung nicht bezahlt.« Genaugenommen hatte der Mario seiner Krankenkasse schon länger nichts mehr bezahlt, weshalb sie die Arztrechnung an den Doktor zurückschickte. Der reichte dann die offene Liquidation über 314,96 DM bei der Justiz ein. Der Mario behauptet, daß ihm die Geschichte mit der Krankenkasse damals ganz unbekannt war.»Wenn ich hätte gewußt«, sagt er,»ich nix zu Doktor. Ich nix krank. Nix gebrochen Arm oder Bein. War nur Routine.«
Nun blättert der Staatsanwalt in seinen Papieren, zieht eines heraus und erklärt, daß es ein Brief der Krankenkasse an den Mario ist. In ihm steht, sagt er, daß der Angeklagte mit Beiträgen in Höhe von 3160,40 DM im Rückstand ist und deshalb keinen Versicherungsschutz mehr genießt.»Den Brief müssen Sie doch bekommen haben«, meint der Staatsanwalt. Beim Mario fangen die Bartspitzen ziemlich heftig zu zittern an, stellen es aber sofort wieder ein. Offenbar hat er es sich anders überlegt und den Mund schon wieder zugemacht. Dafür zuckt er nun mit den Schultern.

Jetzt ist der Augenblick für den Nothelfer gekommen. »Wie ist das bei Ihnen zu Hause mit der Post?«, fragt der Herr Verteidiger seinen Mario. »Was Post?«, will der wissen. »Na, wenn Briefe kommen. Wer nimmt sie in Empfang, wer holt sie aus dem Briefkasten?«, fragt der Verteidiger nach. »Frau«, kommt es zwischen den zitternden Bartspitzen heraus, »hat Schlüssel für Briefkasten.« Dann erzählt er, daß die Frau die Briefe manchmal erledigt, weil er immer alles vergißt. Manchmal legt sie einen Brief aber beiseite und sagt ihm nicht, daß da ein Brief liegt. »Frau auch vergeßlich«, gesteht er.

Frau vergeßlich, Mann vergeßlich – der Vorsitzende schüttelt über soviel Vergeßlichkeit den Kopf und erklärt: »Also, das kommt mir schon sehr wie eine Schutzbehauptung vor.« – »Wenn ich dazu aus eigener Erfahrung etwas beisteuern darf«, erwidert der Verteidiger, »mein Mandant ist wirklich sehr unzuverlässig. Er verlegt alles und vergißt alles. Was wir deshalb schon Einspruchsfristen versäumt haben. Das läßt sich sogar beweisen.« So habe er wegen seiner Schlamperei einen Haufen Schulden, zum Beispiel aus seiner Zeit als Wirt allein 80 000 DM beim Finanzamt.

Wegen Geringfügigkeit und weil der Mario den Arzt inzwischen längst bezahlt hat, erklärt der Staatsanwalt plötzlich: »Von mir aus kann man das Verfahren einstellen.« – »Das hätten S' auch früher sagen können«, brummelt der Richter zurück und klappt den Aktendeckel zu. Der Mario will schon aufstehen, da fällt dem Staatsanwalt noch schnell etwas ein: »Wie ist das eigentlich mit dem Strafbefehl, den Sie wegen einer Verkehrssache bei Starnberg bekommen haben?« – Der Mario antwortet: »Strafbefehl? Ich nix weiß von Strafbefehl.«

Der Heinz ist halt so schwer zu erreichen

Der Amtsrichter schaut zuerst auf die Uhr, dann auf die Tür. Nach dem dritten Mal in 15 Minuten sagt er grimmig: »So, jetzt mag i nimmer. Weil so geht's ja aa ned, daß er heut wieder ned erscheint.« Anschließend stößt er ganz furchtbare Drohungen aus, daß er nämlich nun sofort die Polizei losschicken wird, damit sie den Herrn Angeklagten holt und daß er ferner, wenn die Polizei den Herrn Angeklagten daheim nicht antreffen sollte, unverzüglich einen Haftbefehl unterschreibt. »Da kann er dann in Stadlheim wartn, bis i ausm Urlaub komm«, erklärt er. Genau in dem Moment steckt ein Mann den Kopf herein und fragt: »Bin i da richtig?«

Es handelt sich um den Heinz, der hier durchaus richtig ist. Der Amtsrichter teilt ihm mit, daß er gerade noch Glück gehabt hat, weil schon in der nächsten Sekunde die Sache ganz anders ausgeschaut hätte. Der Protokollführerin, die den Telefonhörer bereits in der Hand hält, erklärt er: »Sie können wieder auflegn. De Polizei brauchn wir jetzt nimmer.« Der Heinz sagt, daß es ihm wirklich leid tut, daß er längere Zeit nicht daheim war und erst heute früh die Ladung im Briefkasten gefunden hat. »Sie san offenbar überhaupt a bißl schwer erreichbar«, antwortet der Amtsrichter.

Wegen schwerer Erreichbarkeit ist der Heinz auch angeklagt, genau genommen wegen Verletzung der Unterhaltspflicht. Seit zehn Monaten rennt seine Exfrau Else hinter ihm her, ohne ihn zu erwischen. Vorher, sagt sie, hat sie immer regelmäßig ihre 400 Mark fürs Kind bekommen und dann plötzlich nicht mehr. Jetzt möchte sie endlich die außenstehenden 4000 Mark, weil sie das Geld braucht. Der Heinz erwidert, daß genau vor zehn Monaten die ganz kritische

Zeit war und er überall hat Schulden machen müssen. »Da bin i nämli rein wirtschaftlich sauber auf d' Schnauzn gfalln«, sagt er.

Sein Geld verdient er seitdem mit Gelegenheitsarbeiten. Aber kaum hat er ein paar Mark einstecken, erklärt er, lauert ihm schon ein Gläubiger vor der Haustür auf und nimmt sie ihm ab. »Drum sind S' also so schwer erreichbar«, meint der Amtsrichter. »Was soll i denn machn, i kann ja aa ned bloß von der Luft lebn«, erwidert der Heinz. Wer ihn gerade erwischt hat, der bekam halt was. »Richtig«, entgegnet der Amtsrichter, »und jetzt hat Sie ihre Exfrau erwischt. Außerdem gehen Unterhaltszahlungen allen anderen vor.« – »Des wenn i gwußt hätt«, entgegnet der Heinz.

Vom nächsten Ersten an hat der Heinz wieder eine richtige Arbeit mit 1400 DM im Monat. Der Amtsrichter meint, daß er davon ja wieder nichts zahlen kann. »De Vierzehnhundert san doch bloß offiziell«, antwortet der Heinz. »Oje«, sagt der Amtsrichter, »da bahnt sich ja das nächste Delikt an. Na gut, i hab nix ghört.« Dann möchte er wissen, ob er von der inoffiziellen Summe so lange 600 DM monatlich zahlen kann, bis er mit dem Unterhalt wieder auf dem laufenden ist. Der Heinz fangt zu rechnen an und kommt zu dem Ergebnis: »Des wärn dann zehn Monat, des müßt scho gehn. Doch, des geht.«

Schon vorher hat die Else betont, daß ihr mit einer Verurteilung gar nicht gedient ist, sondern nur mit dem Geld. Der Amtsrichter meint, daß man gerade noch das Verfahren vorläufig einstellen kann. »Vorläufig«, erklärt er, »heißt auf zehn Monat. Wenn S' dann ned zahlt ham, gibt's kein Pardon mehr.« – »Du kriegst dei Geld scho«, sagt der Heinz, aber nicht zum Amtsrichter, sondern zur Else.

Was kann in einem Stock schon groß drin sein?

Der Harry kommt fröhlich herein und klappt seine knapp ein Meter neunzig so oft zusammen, bis sie in die Anklagebank passen. Es geht um einen Strafbefehl über 1000 Mark. Dagegen hat er Einspruch erhoben. Als Kaufmann, meint er, schenkt er eine solche Summe höchst ungern dem Staat. Und außerdem könne er überhaupt nichts dafür, daß er gegen das Waffengesetz verstoßen habe.

Im letzten Sommer hatte sich Harrys Vater das Bein gebrochen und mußte in die Klinik an der Nußbaumstraße. Nach dem Krankenhausaufenthalt fuhr er in Urlaub nach Frankreich. »Bring einen Stock mit, wenn du kommst«, ließ er seinen Sohn wissen, weil es mit dem Bein immer noch Schwierigkeiten gab. »Wir haben in unserem Haus einen Schirmständer im Flur, da stehen auch ein paar Stöcke drin, einen hab ich einfach genommen«, erzählt der Harry. Anschließend ist er zusammen mit seinem Freund zum Flughafen.

Dort gab es dann einen kleinen Aufruhr. Als nämlich der Stock wieder aus dem Tunnel der Sicherheitsschleuse herauskam, liefen ein paar kräftige Männer zusammen und fragten ziemlich streng: »Wem gehört der Stock?« – »Dem«, sagte Harrys Freund, deutete auf den Harry und verschwand, weil er solchen Menschen gerne aus dem Weg geht. »Ist in dem Stock was drin?«, wollten nun die kräftigen Männer vom Harry wissen. »Was soll in einem Stock schon drin sein«, erwiderte der Harry. »Das werden wir gleich sehen«, sagte einer von den Kräftigen und zog den Stock auseinander. Nun hielt er einen blitzenden Stockdegen in der Hand.

Das probiert jetzt auch der Amtsrichter der Frau Staatsanwältin zuliebe. Sie hat nämlich so einen Spazierstock noch nie gesehen. Zuerst zerrt er ganz einfach dran, doch es passiert nichts. »Mit Gwoit«, ruft einer aus dem Zuschauerraum. Der Amtsrichter schüttelt den Kopf, dreht an dem kleinen Metallring unterhalb des Griffs herum und kann nun mühelos blankziehen. »Aha«, sagt er, hält den Degen in die Luft mit der Spitze nach oben und schaut in seiner samtbesetzten Robe sofort wie der Graf von Monte Christo aus. Die Frau Staatsanwältin macht große Augen.

Der Harry sagt, daß er auf dem Flughafen auch so gestaunt hat. Zuerst wegen der Männer, die plötzlich da waren. Dann wegen dem Freund, der plötzlich weg war, und dann wegen dem Stock. »Ich hatte doch keine Ahnung. Sonst hätte ich ihn nicht in die Sicherheitsschleuse gelegt«, erklärt er. Viel eher hätte er versucht, elegant am Stock daran vorbeizuhumpeln. Bei der Ankunft in Frankreich hat dann noch der Papa gestaunt, daß der Stock bei der Polizei bleiben mußte. Denn auch er kannte dessen Geheimnis nicht.

Was den Harry angeht, beantragt sogar die Frau Staatsanwältin Freispruch. »Vielen Dank«, sagt der Harry und hat nur noch eine Frage: Der Papa hätte gerne seinen Stock wieder. Der Richter meint, das sei schwierig, wo der Stock doch eine Waffe ist und sich der Herr Papa damit strafbar macht. »Aber er ist ein altes Familienerbstück aus Amerika«, sagt der Harry. »Trotzdem«, antwortet der Richter. »Da muß es doch was geben«, meint der Harry. »Aber was?«, fragt der Richter ratlos, weil er das mit dem Erbstück schon einsieht.

Die Staatsanwaltschaft rät dem Harry, ein Gesuch zu stellen. Der Richter ist dagegen wegen der Strafbarkeit. Endlich fällt ihm das Kreisverwaltungsreferat ein. Dort, meint er, gibt es vielleicht einen Waffenschein, der zu einem Stockdegen paßt. Damit könne er wiederkommen. Der Harry findet hernach, daß der Richter einen Dankesbrief verdient hat. Sein Freund sagt: »Aber mit schönen Grüßen an die junge Staatsanwältin, gell.«

Die Kuh Rosi und das Gesetzbuch

Die Anklage lautet auf Mißhandlung eines Wirbeltieres. Der Fritz kann damit wenig anfangen, er ist Viehhändler. Wenn bei einem Bauern im Stall so ein Wirbeltier was hat und der Viehdoktor nicht mehr helfen kann, dann ruft er den Fritz an. Der kommt mit dem Anhänger, karrt es zur Notschlachtung und verkauft das Fleisch an die Freibank von Fürstenfeldbruck. Der Kuh Rosi bleib dieses Schicksal leider nicht erspart. Dem Amtsrichter geht es darum, warum die Rosi mit ihrem Beckenbruch überhaupt noch transportiert wurde. Vom Beckenbruch, erklärt der Fritz, hat er nichts gewußt. Der Bauer hat nur gesagt:»De Kuah kommt hintn nimmer auf de Haxn.« – »Für eine Notschlachtung an Ort und Stelle hätte das auch gereicht«, meint der Amtsrichter.»Na«, sagt der Fritz. Der Amtsrichter blättert im Gesetzbuch:»Notschlachtung an Ort und Stelle wird in Ausnahmefällen gemacht.« Der Fritz dazu:»Vielleicht im Gesetzbuach, aber net im Landkreis München. Da is koa Ausnahmefall, wenn a Kuah hintn nimmer hochkommt.«
Mit einem Strick um die Hörner wurde die Rosi auf den Anhänger gezogen und nach München gefahren, wo der Fritz im Hof seines Hauses eine Scheune hat.»Warum nicht nach Fürstenfeldbruck?«, fragt der Vorsitzende. Der Fritz sagt, daß Sonntag war.»Wird da nicht notgeschlachtet?« möchte der Vorsitzende wissen.»Doch«, erklärt der Fritz, der noch vom Bauernhof aus in Fürstenfeldbruck angerufen hat,»für an Notstich is scho oaner da, wenn er da is. Damals war er net da.« Abends hat er nochmal angerufen. Da war der dann da. Er hat aber erklärt, daß er heute schon einen Notstich gehabt hat und daß jetzt Sonntagabend ist und ob's wirklich sein muß. Vielleicht aus Rücksicht, vielleicht auch,

weil es 300 Mark mehr gekostet hätte, mußte es nicht mehr sein.

Angezeigt wurde der Fritz am nächsten Morgen von einer Nachbarin. Sie hat vom Fenster aus gesehen, wie er eine Kuh auf staksigen Beinen mit Schlägen aus seiner Scheune getrieben hat. Dann hat sie weggeschaut, weil sie nicht mehr zuschauen konnte. Später sah sie die Kuh auf dem Anhänger. Weil der Fritz behauptet, daß er die Rosi übernacht gar nicht abgeladen hat, fragt der Amtsrichter die Zeugin: »War es dieselbe Kuh? Wie hat sie ausgeschaut?« – »Mei«, lautet die Antwort, »wie a Kuh halt ausschaut.«

Nun redet der Herr Vorsitzende ausführlich darüber, daß man es hier mit einem Mann zu tun hat, dessen Beruf Notschlachtungen sind und der nicht unbedingt zart besaitet ist, daß man andererseits selber nicht wisse, was man mit einer Kuh bezüglich des Aufladens machen soll, wenn sie nicht mehr gehen kann und daß es eigentlich kein klassischer Fall von Tierquälerei ist. »Langer Rede kurzer Sinn«, sagt er schließlich zum Angeklagten, »gegen eine Geldbuße würde ich das Verfahren einstellen.«

Im Prinzip hat der Fritz nichts dagegen, erkundigt sich aber zuerst: »Wia hoch soll's denn sei?« – »Arm sind S' grad nicht. 2000«, sagt der Amtsrichter. »Dafür, daß i unschuldig bin?«, fragt der Fritz. Ganz so unschuldig, erfährt er sofort, ist er doch nicht. Am Sonntagabend hätte er schon auf die Notschlachtung drängen müssen. »Na guat«, meint der Fritz. Die 2000 DM bekommt ein Kinderdorf. Der Staatsanwalt wollte sie bedrohten Tierarten zukommen lassen, das gefiel dem Viehhändler aber nicht.

Wenn Mehmet Weihnachtsmärchen erzählt . . .

Wahrscheinlich hat es halt doch mit diesen letzten Tagen vor der Heiligen Nacht zu tun, wo sich bekanntlich die wundersamsten Legenden auf Erden ereignen. So eine erzählt heute auch der Mehmet. Es geht um einen guten Mann vom Bosporus, den es in die Landwehrstraße verschlagen hat. Und weil er ein so guter Mensch war, war er natürlich auch ein bißchen einfältig. Es konnte deshalb gar nicht ausbleiben, daß er mit dem »Auslg.« in Konflikt geriet. Drum sitzt er jetzt vor dem Kadi des Amtsgerichts. Das »Auslg.« ist übrigens das Ausländergesetz und der gute Mann ist der Mehmet selbst.

Das Kadi hört ganz still zu und bekommt langsam glänzende Kinderaugen, so schön kann der Mehmet erzählen. Zuerst, sagt der Mehmet, ist ein Landsmann in seinen Laden gekommen und hat zugeschaut, wie er vom Fleischspieß Döner Kebab heruntergeschnitten hat. »Mehmet«, hat der Landsmann nach einer Weile gesagt, »was machst du da? Du machst ja alles ganz falsch.«

Der Landsmann hat dem Mehmet ganz einfach das große Messer aus der Hand genommen, sich eine weiße Schürze umgebunden und fortan Döner Kebab vom Fleischspieß geschnitten. »Damit ich es lerne«, sagt der Mehmet. Aber Geld habe der Landsmann dafür nicht erhalten. Der Kadi murmelt dazwischen, daß es wohl eine ganz große Kunst sein muß, Döner Kebab vom Fleischspieß abzuschneiden.

Zufällig kam an jenem Morgen noch ein zweiter Landsmann in den Laden, erzählt der Mehmet ungerührt weiter. Der sagte: »Mehmet, ich habe Hunger.« Der Mehmet gab ihm Döner Kebab. Hernach sagte der zweite Landsmann: »Ich habe aber kein Geld.« – »Macht nix«, sagte Mehmet, »bist Landsmann, schenk ich dir.« Doch der Landsmann wurde

61

nun richtig böse:»Ich bin kein Schnorrer. Ich putze dafür deinen Laden.« Der Mehmet sagt, daß er das überhaupt nicht wollte. Aber der zweite Landsmann habe sich einfach eine weiße Schürze umgebunden und den Laden geputzt.

Der Kadi hält jetzt ganz schnell die Hand vor den Mund. Er muß nämlich herzlich lachen, weil die Geschichte nicht nur so schön, sondern plötzlich auch richtig lustig geworden ist. Dem Herrn Verteidiger entgeht das natürlich nicht, deshalb erklärt er sehr ernst, daß er das aber gut nachvollziehen kann, was sein Mehmet da sagt. »Ich auch«, sagt der Herr Staatsanwalt, »ich weiß sogar Fälle, wo ganze Neubauten entstanden sind, weil Ausländer, die zufällig vorbeikamen, nicht mehr mitansehen konnten, wie dumm sich die Maurer angestellt haben und selber zur Kelle griffen und die Baufirma sich dagegen überhaupt nicht hat wehren können.«

Während also der erste Landsmann dem Mehmet immer noch zeigte, wie man Döner Kebab vom Fleischspieß schneidet, und der zweite Landsmann aus Dankbarkeit immer noch den Laden putzte, kamen schon wieder zwei Männer in das Geschäft vom Mehmet. Diese boten ihm allerdings überhaupt keine Dienste an, sondern wollten nur ein bißchen die Papiere kontrollieren, weil sie von der Polizei waren. Beide Landsleute von Mehmet besaßen dummerweise keine Arbeitserlaubnis und der zweite Landsmann, der sich noch schnell an ihnen vorbeidrücken wollte, hatte auch keine Aufenthaltsgenehmigung.

Der Mehmet bekommt für seine schöne Geschichte 20 Tagessätze zu je 50 Mark, aber nicht als Honorar, sondern als Strafe. Als der Mehmet das hört, lächelt ausnahmsweise er. Er sieht aus, als sei er direkt dankbar dafür, daß er damit noch einmal so davongekommen ist.

Der Wilhelm mag nun einmal keine Sauerei

Vielleicht hat der liebe Gott manchen Staatsanwalt nur deshalb erschaffen, damit auch wirklich kein Amtsrichter arbeitslos wird. Zum Beispiel jenen, der den Wilhelm für einen ganz gefährlichen Menschen hält, dessen strafrechtliche Verfolgung im öffentlichen Interesse liegt, wie er ihm schriftlich bescheinigt hat. Dieses öffentliche Interesse ist ihm vermutlich durch intensive Selbstbefragung eingefallen. Ob dabei die Geisterstunde eine Rolle gespielt hat, ist unbekannt. Bekannt ist jedoch, daß es um einen Sachschaden von neun Mark geht.

Normalerweise sitzt der Angeklagte auf dem harten Sitz der Anklagebank. Aber der Wilhelm sagt gleich:»I bin dorat.« – »Mein Mandant hört sehr schlecht«, übersetzt der Verteidiger. Der Vorsitzende meint, daß er»dorat«schon verstanden hat, schließlich sei er ja nicht dorat. Der Wilhelm bekommt nun einen gepolsterten Sessel direkt vor den Richtertisch gestellt.»Können S' mich jetzt verstehn?«, schreit der Vorsitzende. Dabei versucht er, freundlich zu lächeln, weil er den Wilhelm nicht verschrecken will. Aber mit einem schreienden Mund zu lächeln, geht fast überhaupt nicht. Der Wilhelm antwortet:»Jetzt hör i Eahna.«

Letzten Oktober saß er eines Tages in einem Omnibus-Wartehäuschen im Münchner Norden, der bekanntlich ein wenig Wilder Westen ist. Auf dem Boden von dem Häuschen lag ein Stapel Zeitungen recht unordentlich herum. Der Wilhelm sagt, daß er sich gedacht hat: A so a Sauerei.»Und dann ham S' ihn anzündt?«, schreit der Amtsrichter.»Na«, erklärt der Wilhelm,»der ghörat ozündt, hab i gsagt.« Neben ihm saß damals einer in einer schwarzen Lederjacke. Der hat dann sein Feuerzeug aus der Tasche geholt und die Zeitungen angezündet. »Aber net, daß jetzt noch eine Anklage wegen Anstiftung dazukommt«, erklärt der Verteidiger. »A wo«, antwortet der Amtsrichter.

Jetzt geht es noch um eine Zigarette, die der Wilhelm in dem Wartehäuschen geraucht hat. »Warum ham S' denn die in die Zeitungen geworfen?«, schreit der Amtsrichter. »Weil i s ausgraucht ghabt hab«, erklärt der Wilhelm. »Aber de Zeitungen können doch dann brennen«, schreit der Amtsrichter. »De ham doch scho brennt«, sagt der Wilhelm. »Ah so, de ham scho brennt«, schreit der Amtsrichter.

Damit alles seine Ordnung hat, darf auch noch der Zeuge Peter aussagen. Er ist Polizist. Ob für das Wartehäuschen eine Gefahr bestanden hat, möchte der Vorsitzende wissen. Der Peter weiß das nicht, weil er nicht mehr weiß, ob das Häuschen aus Holz, Kunststoff, Metall oder Glas ist. Und auf den Wilhelm ist er deshalb gekommen, weil eine Frau zu einem Mann gesagt hat, daß es der Wilhelm war, und der Mann hat es wiederum ihm gesagt. »Haben S' dann den Angeklagten vernommen?«, fragt der Vorsitzende. »Eine Vernehmung war net drin«, erklärt der Peter, »der hört ja fast nix.«

Für den Amtsrichter ist nun auch nichts mehr drin in dem Prozeß. »Das Verfahren is eingestellt, Sie dürfn jetzt gehn. Aber nix mehr machn«, schreit er den Wilhelm an. »I geh in des Wartehäusl nimmer nei«, sagt der. »Des derfn S' scho«, schreit der Amtsrichter. »Na, i fahr nimmer Bus, i fahr jetzt Trambahn«, meint der Wilhelm. »Des geht aa«, schreit der Amtsrichter. »Und vielleicht hör i überhaupts zu rauchn auf«, erklärt der Wilhelm. »Des is gut, des schadt nia«, schreit der Amtsrichter.

Das Säuseln, das mehr ein Krach war

Der Herr Wirt ist wieder Kellner, weil er als Wirt Pleite gemacht hat. Schon deshalb will er die 700 DM Bußgeld nicht zahlen. Außerdem, behauptet er, sei das Ganze überhaupt die Machenschaft einer Person, die ihn draußen haben wollte. Der Vorsitzende hält ein Blatt Papier hoch und fragt: »Was ist dann das?« Es ist ein Schreiben, in dem steht: »Die Bewohner beschweren sich auf das äußerste gegen die unverschämte Lärmbelästigung.« Der Richter meint, eine Person allein könne das nicht sein, weil fast sämtliche Mieter des Hauses unterschrieben haben.

Es geht um die Musik aus der Stereoanlage im »Chapeau Claque«. Dem Wirt ist sie mehr als angenehmes Säuseln in Erinnerung. Wo das Lokal doch ein Speiselokal war, in dem man keine laute Musik brauchen kann. »Ein Speiselokal, bei dem Namen?«, fragt der Herr Vorsitzende. »Wieso«, erwidert der Wirt, »das heißt halt Zylinderhut auf deutsch.« Das weiß der Amtsrichter auch, aber »Chapeau Claque« klingt in seinen Ohren trotzdem nicht nach Speiselokal. Ob's nicht vielleicht doch ein etwas anderes Lokal gewesen sein könnte? »Nein«, antwortet der Wirt, »es war eine Speiselokal-Kneipe.« – »Aha«, sagt der Amtsrichter, »also eine Kneipe.«

Ab sofort bezweifelt der Vorsitzende sehr, daß die Musik nur so eine Art Gesäusel war. Aber der Wirt erzählt ihm, daß er zur Lärmkontrolle in den Hinterhof gegangen ist. »Und nichts hab' ich hören können«, beteuert er. Vielleicht im ersten oder im zweiten Stock, dachte er, und ist in den ersten und in den zweiten Stock. Immer ist er ganz still dagestanden und hat die Ohren ganz weit aufgemacht. »Und wieder kein Ton Musik«, behauptet er. Sogar die Polizisten, die zu ihm wegen Lärmbelästigung ins »Chapeau Claque« geschickt worden sind, haben gesagt: »Wir glauben, wir sind im falschen Lokal.«

Die Ursula vom 1. Stock erzählt nun ganz was anderes: Die Musik war so laut, sagt sie, daß sie den Ton im Fernseher nicht mehr hören konnte. Und am Mittwoch war sie immer am lautesten, wegen dem Bauchtanz. Der Vorsitzende meint, daß Bauchtanz eigentlich eher eine ruhige Angelegenheit sei. »Der Tanz schon«, erklärt die Ursula, »aber nicht die Trommelwirbel dazu.« Sie hat dann öfter die Polizei angerufen. Anfangs kam diese auch vorbei und zog den Stecker aus der Stereoanlage. Dann blieb es für eine Stunde ruhig. Manchmal stöhnte der Revierbeamte auch: »Mir ham aber wirklich was anders zu tun, als andauernd in des Lokal zu gehn.«

Die Hausmeisterin ist auch noch da und kann das alles nur bestätigen. Hauptberuflich geht sie übrigens ins Büro. Als sie dort einmal über den Lärm aus dem »Chapeau Claque« klagte, sagte ihre Arbeitsplatz-Nachbarin: »Was, da wohnst du? Da mach ich jeden Mittwochabend Bauchtanz.« Der hat sie dann was erzählt. Zum Beispiel, daß sie einem ganzen Haus schlaflose Nächte beschert hat.

Jetzt beschert der Amtsrichter dem Wirt eine Rechnung. »Wissen S'«, sagt er, »der Bußgeldbescheid macht siebenhundert Mark. Bei uns hier kostet das mindestens tausend Mark. Ich mach' jetzt fünf Minuten Pause, damit Sie drüber nachdenken können, was billiger ist. Oder soll ich alle Hausbewohner als Zeugen aufmarschieren lassen? Jeder Zeuge kostet Geld.« Nach fünf Minuten war der Wirt überzeugt, daß er mit den 700 DM billiger wegkommt. »Ich zieh' den Einspruch zurück«, knurrt er. »Warn mir froh, wie der Pleite gmacht hat«, sagt die Ursula zur Hausmeisterin. »Ja«, antwortet die, »da war a Ruh. Aber jetzt geht's wieder los.«

Jetzt ist in der ehemaligen Speiselokal-Kneipe nämlich eine richtige Nachtbar.

66

Getöse auf dem stillen Örtchen

Diesmal geht es um die heikle Frage, warum im Pilsstüberl die Toilettenschüssel kaputt gegangen ist. Und zwar ausgerechnet im dümmsten Augenblick, als nämlich der Hans gerade darauf Platz genommen hatte. Jetzt meint er: »Eigentli müßt i ja den Wirt ozoagn, wegen Körperverletzung.« Eine Rißwunde hat er sich seinerzeit an der verlängerten Rückseite des rechten Oberschenkels zugezogen. »Möglich, möglich«, meint der Vorsitzende, »aber darum geht es nicht.« Es geht vielmehr darum, daß der Wirt den Hans angezeigt hat, wegen Sachbeschädigung.

Dem hat es damals recht pressiert. Er ist rein in die Toilette, hielt mit fliegendem Blick Ausschau nach dem Kleiderhaken, entdeckte ihn hinter der Türe, hängte die Joppe dran, ließ eilig die Hose runt . . . »So genau müß ma des gar net wissn«, unterbricht ihn der Vorsitzende, »ich kann mir das schon vorstellen.« – »Sie habn sich also gleich hingesetzt?«, fragt der Staatsanwalt. »Natürlich«, erwidert der Hans. Und kaum sei er gesessen, habe es schon gekracht: »Und wia. Des war vielleicht a Gfühl.« – »Mein Mandant will damit sagen«, erklärt der Verteidiger, »daß sofort die Schüssel zerbrochen ist.«

Hernach befand sich der Hans in einer unbequemen Schräghaltung. Seine linke Seite hing unten ziemlich durch. Der Krach war übrigens bis ins Gastzimmer gedrungen und hatte den Wirt alarmiert. »Wia a Erdbebn war des«, erinnert der sich. Er wischte zunächst drei volle Weißbiergläser mit dem Ellenbogen vom Schanktisch, weil er sich wie ein Kugelblitz in Richtung Toilettentüre für Herren drehte. Dann rannte er hinaus, rüttelte an der Klinke und rief: »Aufmachen!«

Er mußte sich etwas gedulden, weil der Hans erst das Allerwichtigste in Ordnung brachte. Als dem Wirt endlich geöffnet wurde, sah er einen Herrn in Hemd und Unterhose, ein paar Bluttropfen am Boden und eine halbe Toilettenschüssel unversehrt. Die andere glich mehr einer antiken Ruine, sie war nur noch teilweise erhalten. Er habe gesagt:»Mei Liaba, den Schadn zoist ma fei.« Doch der Herr habe erklärt:»Ja freili, so weit kommts no. Sonst no was. Bläd miaßt i sei.« Nun erhebt sich die Frage, in welchem Zustand sich die Schüssel zuvor befunden hatte. Vom Hans ist darüber nichts zu erfahren.»Schließli«, sagt er,»hab i hintn ja koane Augn.« Laut Wirt war die Schüssel jedoch durchaus im Bestzustand. »Und wieso is' dann kaputtgangen?« fragt ihn der Vorsitzende.»Vielleicht hat ers zsamghaut«, lautet die Antwort. Doch weil es vorher weder einen Streit gegeben hat, noch auf der Toilette aus dem Hans seiner Unterhose eine versteckte Spitzhacke oder ein Hammer herausgeschaut hat, meint der Amtsrichter:»Also dafür gibts ja überhaupt kein Motiv.« Und dann fügt er zweifelnd hinzu:»Bestzustand is so a Begriff. Den kennt ma ja von manchem Gebrauchtauto.« Der nächste Zeuge heißt Anton. Er bestätigt, daß der Hans seinerzeit wirklich eine Wunde davongetragen hat.»I habs selber mit an Pflaster zuklebt, weil der Mo an de Stell net richtig hinkomma is mit seine Händ«, erklärt er. Der Herr Verteidiger schließt daraus messerscharf:»Niemand bringt sich an diesem Körperteil eine Verletzung bei, wenn er mutwillig eine Toilettenschüssel beschädigt.« Dem Gericht leuchtet das ein, es spricht den Hans frei. Der Wirt denkt an die Rechnung für die neue Toilettenschüssel und meint:»Wenns scho koa Hammer war, dann wars gwiß a Hurrikan, den wo der loslassen hat.« Der Richter überlegt ganz kurz, lacht ein bißchen und antwortet:»Nützt nichts. Wissen S', a Hurrikan wär auch in dem Fall höhere Gewalt.«

Warum Willi gar kein Radldieb ist

Der Willi kommt eine Viertelstunde zu spät aufs Amtsgericht, weil er die Adresse verwechselt hat. »Dabei steht's groß gnug drauf auf der Ladung«, sagt er, »wie mir des hat passieren können, des versteh i net.« Als Fahrraddieb ist er angeklagt, was er auch nicht versteht. Das Radl, behauptet er, war nämlich sein Radl. Das wiederum verstehen der Vorsitzende und die Staatsanwältin nicht, je genauer er ihnen die sehr verzwickte Geschichte von diesem Radl erzählt.

Als alleinstehender Herr geht der Willi nach der Arbeit noch gerne auf einen Schluck in sein Wohnzimmer, was eine Kneipe in der Thalkirchner Straße ist. Dort saß auch der Fritz des öfteren. Dessen Asphaltmustang mit Sechsgangschaltung stand schon ewig draußen auf der Straße, mit einem Kabelschloß angebunden an einen Mast. Satteln konnte man den edlen Renner nicht mehr, daran war ein Lastwagen schuld.

Zunächst möchte der Richter natürlich wissen, wer der Fritz ist, ob er eventuell einen Familiennamen hat, einen Beruf vielleicht auch und möglicherweise einen festen Wohnsitz zwecks Vorladung. »Wissen S'«, erklärt der Willi, »mit so einer Kneipenbekanntschaft is des so eine Sach. Da kennt ma si und kennt si doch net.« Vom Fritz wisse er halt nur, daß er Fritz heißt. Und daß er dem sein Radl abgekauft hat. Der Richter schaut nachdenklich auf ein Foto vor sich am Tisch, womit die Verwirrung ihren Lauf nimmt.

Das Foto zeigt das Kunstobjekt »Fahrradgestänge nach Begegnung mit Lkw«. »Ham Sie des Radl eigentlich blind kauft?« fragt der Vorsitzende. »Nein«, antwortet der Willi. »Und für so a Radl ham S' achtzig Mark zahlt?« fragt der Vorsitzende. Der Willi sagt, daß er dem Typ was Gutes tun wollte, weil der knapp bei Kassa war. Das Radl habe er gar nicht gebraucht und deshalb wochenlang dort stehen lassen.

»Des versteh ich net«, erklärt der Vorsitzende, »Sie kaufn für achtzig Mark a Radl, des laut Schätzung nur fünfzig wert is. Sie lassen es ewig stehen, weil sie es nicht brauchen. Aber plötzlich wolln Sie in der Früh um drei das Schloß mit einer Beißzange knacken.«

Die Beißzange kann der Willi erklären. Er hat nämlich den Schlüssel fürs Schloß verloren. Und wegholen wollte er es vermutlich deshalb, damit es nicht verrostet. »A kaputts Radl, des S' net braucht ham?« sagt der Richter. »Und mitten in der Nacht. Warum net am Tag, wo die Leute unterwegs sind?« – »Ich versteh schon, daß des niemand versteht. Mir gehts heut selber so«, erklärt der Willi. Die Staatsanwältin schließt sich dieser Aussage vollinhaltlich an.

Nun kommt noch einer, dem der Willi ein Rätsel aufgab. Es ist der Funkstreifen-Edgar. »An dem Mast«, erinnert er sich, »warn zwoa Radl. Oans tiptop und des kaputte. I hab net verstanden, daß er unbedingt des kaputte wollt.« Warum er eigentlich dem Beamten nicht gesagt habe, daß es sein Rad sei, fällt dem Richter ein. Der habe ihn doch danach gefragt. »Nein«, entgegnet der Willi, »der hat gesagt: Jetzt brauchn S' bloß no sagn, des is Eahna Radl, dann wiß ma ois.« Da sei er lieber still gewesen.

Der Vorsitzende findet, daß die Soße längst teurer ist als der Braten. Er stellt das Verfahren auch deshalb ein, weil sich selbst auf eine umfangreiche Suchaktion kein Besitzer für das Rad meldete. Nur eins möcht er noch wissen: »Wo isn des Radl jetzt?« – »Jetzt«, antwortet der Willi, »bin is los, Gott sei Dank.« Inzwischen ist es nämlich wirklich gestohlen worden. Zum Beweis hat der Willi das geknackte Kabelschloß mitgebracht. »So, so«, sagt der Richter, »ja dann. Aber trotzdem, verstehn tu ich die Sach net.«

Die wuide Anna vom Westend

Der Klausi hat gleich gesagt:»Mama, des is es net. Gehn ma hoam.« Aber die Anna hat nicht auf ihren Buben gehört. Wahrscheinlich deshalb, weil sie schon sechs Weizen getrunken hatte. Der Tag war nämlich besonders schön und der Abend besonders lau.»I hab wirkli gmoant, daß des mei Radl is, hätt i nur auf den Klausi ghört«, sagt sie zum Richter. In Wirklichkeit war ihre 10-Gang-Maschine bereits im Keller eingesperrt. Der Eugen, ihr Freund, hatte das heimlich gemacht, damit sie nicht so viel damit rumkurvt.»I fahr nämli wiara Wuide«, gesteht die Anna.

Die wuide Anna wohnt im Westend, das schon immer für seine Rennradler bekannt ist. Als sie an jenem Juli-Abend aus der Wirtschaft kam, ist ihr eingefallen, daß sie noch zur U-Bahn-Station Friedenheimer Straße muß.»Weil i dort tagsüber oiwei am Treppenaufgang des Radl abstell«, erklärt sie. Es stand auch tatsächlich eines da, nur der Schlüssel paßte nicht fürs Speichenschloß. Die Anna dachte sich, daß sie jetzt dummerweise den richtigen Schlüssel verloren hat. Sie zog ihren Stöckelschuh aus und schlug mit dem Absatz auf das Schloß ein, damit vielleicht der Riegel zurückspringt. Der Riegel ist nicht zurückgesprungen, dafür kam ein Kavalier namens Eugen mit der Rolltreppe aus dem Untergrund herauf. Ob er der Dame vielleicht helfen könne, fragte er. »Die Dame hat gesagt, daß das ihr Radl ist und daß sie leider den Schlüssel fürs Schloß verloren hat«, erinnert sich der Eugen vor Gericht. Er probierte es dann ebenfalls zuerst mit dem Schuhabsatz, hernach mit einem Stein. Inzwischen war schon längst der stille Feierabend ins Viertel eingekehrt, das den lauen Abend genießen wollte.

Eine, die sich über den Lärm ärgerte, war die Katharina. Sie konnte bei dem Gehämmere einfach nicht in Ruhe ihre Tasse Kaffee auf der Dachterrasse trinken. Schließlich ist sie aufge-

71

standen, weil der Lärm nicht aufgehört hat, ging zur Brüstung vor, hat hinuntergeschaut und wieder die Frau gesehen, die kurze Zeit vorher schon so verdächtig um alle möglichen Fahrräder herumgeschlichen ist. »Da will oane a Radl stehln«, rief sie sofort ins Wohnzimmer hinein, wo ihr Johann im Trainingsanzug vor dem Fernseher saß. Zufälligerweise ist der Johann Kriminaler.

Dem Herrn Vorsitzenden erzählt der Johann, daß die Dame zuerst gesagt habe, das sei ihr Radl, dann habe sie gesagt, das sei das Radl von ihrér Schwester und schließlich habe sie gesagt: »Ob i a Radl stehl oder net, is mir wurscht.« Daraufhin habe er ihr die vorläufige Festnahme erklärt, worauf ihm die Dame eine Trumm Fotzn angeboten habe, was im Westend eine bildsaubere Maulschelln bedeutet. »Aber das konnte ich ihr ausreden«, erklärt der Johann. Und zu seiner Katharina habe sie gelallt: »Drecksau«, aber sich anderntags dafür tausendmal entschuldigt.

»Sie haben jetzt das letzte Wort«, sagt der Amtsrichter zur Anna. Da schaut sie ihn ganz erschrocken an und sagt: »Was hoaßt denn des?« – »Sie können jetzt halt nochmal etwas sagen zu Ihrer Verteidigung«, antwortet der Amtsrichter. Das beruhigt die Anna wieder. Ganz feierlich erklärt sie: »Es tuat mir sehr leid, und i wollt wirkli koa Radl net stehln.« – »Guat«, meint der Vorsitzende und spricht sie frei.

Der Johann und die Katharina gehen zu ihr hin und begleiten sie aus dem Saal hinaus. Später sagt der Johann: »Sie is a arme Haut: Aufm Land aufgwachsen mit sechs Geschwistern, wahrscheinlich immer nur ausgnützt zur Arbeit daheim, fünf Jahr is bloß in die Schul gangen. Man möchts net glauben, aber de Anna kann net amal lesen.«

Er ist halt kein Hans im Glück

Vor langer Zeit war der Hans Malergeselle. Aus verschiedenen Gründen ließ er dann das ehrbare Handwerk sausen und sattelte auf Überlebenskünstler um. Dieser Beruf ist sehr schlecht bezahlt, weshalb man beim Geldausgeben überaus haushälterisch sein muß. Möglicherweise übertrieb der Hans dabei ein bißchen, jedenfalls brachte er es inzwischen auf eine längere Vorstrafenliste. Diesmal ist er wegen Schwarzfahren und Diebstahl eines Damenfahrrads angeklagt.

Ein Freund hatte ihm verraten, daß in Taufkirchen eine schöne Gelegenheitsarbeit auf ihn wartet, worauf der Hans schleunigst die nächste S-Bahn genommen hat. »Sind S' da auch schwarzgfahren?«, fragt der Richter. Diesmal hat er sich aber getäuscht, der Freund hat dem Hans nämlich eine Streifenkarte gegeben. Nur mit der Gelegenheitsarbeit war es allerdings nichts. »Und warum ham S' dann des Radl gstohlen?«, möchte der Vorsitzende wissen. »I wollt wieder in de Stadt zruck und de Streifnkartn war leer«, antwortet der Hans.

Weil das Rad abgesperrt war, handelt es sich um einen schweren Diebstahl. Aber das Kettenschloß hat laut Hans wenig getaugt, weil er es mit den Händen ganz einfach aufreissen konnte. »Dann wars wirklich keine Qualitätsarbeit«, stimmt der Vorsitzende zu. Zu allem Unglück fiel der schwere Diebstahl auch noch in eine offene Bewährungszeit. Der Hans sagt, daß ihm davon nichts bekannt war. »Da hat der Kompjuter an Wurm neibracht«, behauptet er. »So ähnlich wars«, erwidert der Richter. Dann erklärt er, wie es genau war. Genau war es nämlich so, daß der Hans beim letzten Mal zwei Tage zu früh entlassen worden ist. »Was machn wir jetzt mit den zwei Tagen, ham mir uns überlegt«, erzählt der Herr Vorsitzende dem Hans, »a Vollzugshaftbefehl wegn zwei Tag, des is nix. Mir ham dann die zwei Tag ganz einfach nachträglich zur Bewährung ausgesetzt. Aber des ham S' net gewußt und deshalb können S' da nix dafür.«

Dann meint er noch, daß der Hans jetzt schon bald sechzig ist und er eigentlich langsam mit dem Schmarrn aufhören müßte. »Oder hängen S' so an mir?« fragt er. »Na«, erwidert der Hans, »da kant i scho drauf verzichtn.«

Leider hängt so ein Verzicht irgendwie mit einem festen Einkommen zusammen. Auf der Suche nach einer Quelle meint der Richter: »Wie schauts denn mit einer Rente aus?« Der Hans erklärt, daß er einen Antrag gestellt hat, aber erst durchbringt, wenn er eine Kur wegen seinem Asthma antritt. »Und Sozialhilfe?«, fragt der Amtsrichter. »De gebn mir nix wegen dem Rentenantrag«, erwidert der Hans. Eine Arbeit auf dem Friedhof hätten sie ihm im feuchten Winter gegeben, aber für sein Asthma war das nichts. »I bring de Leistung nimmer«, erklärt der Hans.

Wegen seiner vielen Vorstrafen schwant ihm offenbar nichts Gutes. In seinem Schlußwort sagt er nämlich: »I müßt halt de Kur im Mai otretn, sonst bring i mei Rentn net durch.« Dann verurteilt ihn der Richter zu vier Monaten und zwei Wochen.

»Bewährung«, erklärt er, »ist einfach nicht mehr drin. Damals im November ham S' mir ja auch hoch und heilig geschworen, daß nix mehr passiert.« Dann verspricht er dem Hans aber, daß er wegen der Kur dem Sozialarbeiter im Gefängnis schreibt. »Der soll sich drum kümmern«, sagt er, »dafür is er ja da.« – »O mei«, erwidert der Hans, »de san ja alle für nix zuständig.«

Eigentlich ist der Vater vom Martin schuld

An dem März-Vormittag ging es dem Martin wie jenem Mann, der zum Arzt kommt und sagt: «Herr Doktor, können Sie mir nicht helfen. Ich bin neuerdings so vergeßlich.« – »Wie lange haben Sie das schon?« will der Arzt wissen, worauf der Mann fragt:»Was?«Allerdings suchte der Martin seinerzeit keine Arztpraxis auf, sondern den Parfümeriestand in einem Kaufhaus. Dort nahm er eine Flasche Kölnisch Wasser aus dem Regal und ging unverzüglich wieder auf den Ausgang zu. Jetzt ist er wegen Ladendiebstahls angeklagt.

»Zu deuteln gibt es da nix«, erklärt der Martin sofort dem Amtsrichter.»Im nachhinein kann ich da nur sagn, daß i des nie zahlt hätt, wenn der Herr net kommen wär. I wär glatt wieder gangen. I war ja schon im Windfang zwischen den zwei Ausgangstüren. Aber Gott sei Dank is ja der Herr kommen.« Der Herr, für dessen Auftauchen der Martin so dankbar ist, hat ihn festgehalten. Es war der Hausdetektiv.

Der Richter bekommt einen ganz milden Blick und der Staatsanwalt eine Stimme, als habe er zum Frühstück ein Kilo Kreide gegessen. Beide möchten gerne wissen, wieso ein Mensch wie der Martin so was macht: Einfach ins Kaufhaus gehen, etwas vom Regal nehmen und nicht zahlen. Der Martin kann es nicht anders erklären als mit seinem alten Vater. Der lag immer noch im Krankenhaus, obwohl es ihn eigentlich gar nicht mehr behalten durfte, weil er ein Pflegefall war, aber nicht mehr nach Hause sollte, sondern ins Pflegeheim, doch nirgends war ein Platz frei.

Genau an dem Morgen hatte der Martin einen Termin beim Lenbachplatz, wo es um die Aufnahme in so ein Pflegeheim ging. Weil er ein wenig zu früh dran war, ging er ins Kaufhaus. Es war ihm nämlich eingefallen, daß dem alten Vater eine

Flasche Kölnisch Wasser gut täte. »I hab mir denkt, damit kann er sich frisch machen tagsüber. Und da war i halt so in Gedanken, daß i aufs Zahlen vergessen hab.« Der Staatsanwalt meint, daß doch meistens so Kassen herumstehen, die einen daran erinnern. Der Martin sagt, ob so eine da war oder nicht, wisse er nicht.

Dafür weiß es der Hausdetektiv, der Florian. »Nein«, sagt er, »in dem Bereich gibt es keine.« Er stellt seinem Ladendieb auch sonst das beste Zeugnis aus. »Jetzt so was. Daß mir des passiert, daß i so was mach«, habe der zu ihm als erstes gesagt und ganz entsetzt die Flasche Kölnisch Wasser angeschaut. »Hat er profihaft gewirkt?«, fragt der Richter. »Na, rein gar net. A Profi geht an mehrere Ständ, schaut sich unauffällig um und verschwindet dann möglichst schnell«, antwortet der Florian. Der Herr sei aber reingekommen, direkt an den Stand getreten und ohne besondere Eile wieder auf den Ausgang zu. »Eigentli«, fällt dem Florian noch ein, »hat er ein bißl verträumt ausgschaut.«

Jetzt blickt der Vorsitzende ganz unverträumt zum Staatsanwalt hinüber, worauf dieser mit den Augendeckeln zurückmorst. »Also«, erklärt gleich darauf der Richter, »a Freispruch schaut net grad raus. Aber gegen a Geldbuße ließe sich das Verfahren einstellen.« – »Bin i dann net vorbestraft?«, fragt der Martin. »Nein«, lautet die Antwort. Aber um 1600 DM ist er dafür leichter, gemäß seinem Einkommen beträgt nämlich die Geldbuße so viel. Doch der Martin befindet sich schon wieder in Gedanken bei seinem Vater. Ganz schnell, sagt er, müsse er noch erzählen, daß das mit dem Pflegeplatz damals wirklich geklappt hat. Der Richter meint, dann sei dieser Tag eigentlich doch recht erfolgreich gewesen. »Ja«, erwidert der Martin, »aber leider ist der alte Herr bald darauf gestorben.«

Und das alles nur wegen einer Flasche Schnaps

Alle sind schon da, der Herr Staatsanwalt, der Protokollführer und der Herr Vorsitzende, bloß der Bernhard fehlt noch. Der Vorsitzende dreht leise seine Akten um, der Staatsanwalt blättert noch leiser in seinem grauen Gesetzbuch und der Protokollführer schaut seine Kugelschreiber an, was überhaupt kein Geräusch macht. Da läutet das Telefon. Der Protokollführer hebt ab, murmelt etwas und legt wieder auf. Dann sagt er:»Im Stau is er drin, er kommt später.« Eine Viertelstunde später ist der Bernhard schon da. Er sagt, daß es ihm leid tut und er im Stau war. Der Vorsitzende erwidert, daß so was schon vorkommt, dreht die Akten ein letztes Mal um und fragt, was er immer fragen muß: Name und Vorname, geboren, Beruf, Name und Vorname der Eltern, und was für eine Geborene die Mutter ist. Der Bernhard gibt auf alles brav Antwort, erinnert in aller Bescheidenheit dann aber doch daran, daß es eigentlich nur um eine Flasche Schnaps geht.»Bitte, Herr Staatsanwalt«, sagt der Vorsitzende. Der Herr Staatsanwalt verliest die Anklageschrift. Dabei stellt sich heraus, daß es um eine Flasche Schnaps geht. Wert: 14,75 DM.
Der Bernhard ist mit einer vollen Plastiktasche aus dem Getränkemarkt gekommen. Auf der Straße fiel ihm dann ein:»Jessas, i brauch ja noch a Flaschn Schnaps.« Am Nachmittag ging es nämlich um einen größeren Geschäftsabschluß mit einem Kunden. Aber er kehrte nicht mehr um, weil er sowieso noch in der Supermarktfiliale einkaufen mußte. Dort stellte er die volle Plastiktasche in einen Einkaufswagen und schob los. Es war aber wieder einmal umdekoriert worden, weshalb er sich öfter suchend umschauen

mußte. Wo sonst der Kaffee lag, lagen jetzt zum Beispiel Toilettenseifen.

Die Weinbrandflasche zwängte er hinter die Plastiktüte vom Getränkemarkt in die Ecke des Einkaufswagens. »Weil vorn war no alles frei, da wärs umgfalln«, sagt er. Der Richter meint: »Des versteh ich, so mach ichs auch. Aber ich zahls dann an der Kassa.« – »Ich schon aa normalerweis«, erwidert der Bernhard. Damals legte er jedenfalls alles auf das Förderband an der Kassa, nur die Flasche vergaß er. »De Kassiererin hätt mich ja wirklich drauf aufmerksam machn können, die muß ja de Flaschn gsehn ham«, erklärt er.

Darauf aufmerksam gemacht hat ihn dann hinter der Kassa der Hausdetektiv. Seine hervorragenden Qualitäten als Sherlock Holmes schildert er dem Gericht so: »Der Herr is mir aufgfalln, weil er andauernd so umgschaut hat. Bsonders, nachdem er de Flaschn in den Wagn gstellt hat.« Der Herr Staatsanwalt fragt, ob die Flasche wirklich in dem Wagen stand und nicht vielleicht in der vollen Plastiktüte? »Nein«, beteuert der Sherlock Holmes, »die stand im Wagen.« Nun meint der Staatsanwalt, das sei doch üblich, daß man in den Einkaufswagen Sachen stellt, die man einkauft. Und solange man Sachen in den Einkaufswagen stellt, bestehe eigentlich kein rechter Anlaß, angeblich verdächtig herumzuschauen.

Das findet auch der Amtsrichter. Er spricht den Bernhard frei, zumal der damals sofort die Flasche Schnaps anstandslos bezahlt und sich für seine Gedankenlosigkeit entschuldigt hat, wo er doch schon fünf Jahre lang in der Filiale einkauft. Der Vorsitzende gibt ihm jedoch den Rat: »Schaun S' halt in Zukunft an der Kassa immer noch in den Korb, ob net noch was drin ist.« – »Auf a Kassiererin«, verspricht der, »verlaß i mi so schnell nimmer.«

Beim Slobodan fing es zu piepsen an

Beim Slobodan muß es gepiepst haben wie in einer Vogelhandlung. Es war aber in einer Tengelmann-Filiale. Deshalb ist jetzt der Slobodan wegen Ladendiebstahl angeklagt, was ihm vom Aussehen her keiner glauben möchte. Mit seinem schönen weißen Haar und dem feschen Anzug könnte man ihn direkt für einen übriggebliebenen Hofrat vom Wiener Ballhausplatz halten, der in München eigentlich in die Residenz wollte, sich aus lauter Trotteligkeit aber ins Amtsgericht verlaufen hat.

»Schulden oder Vermögen?«, fragt der Vorsitzende. Eigentlich redet man ja in Hofratskreisen nicht über so etwas. Aber wenn's schon sein muß: »Vermögen«, sagt Slobodan. »Wieviel?«, fragt der Vorsitzende. Slobodan: »Noo, a Million.« Der Herr Angeklagte handelt nämlich mit alten Gold- und Silbermünzen. Die Hosenträger, die er laut Staatsanwältin stehlen wollte, waren 6,80 DM wert. »Hosenträger«, erklärt der Millionär Slobodan, »warum soll ich Hosenträger stehlen?«

Das ist genau die Frage. Wie schon seit Jahren ging der Slobodan auch an jenem 1. April in die Filiale einkaufen. Diesmal wollte er frische Semmeln fürs Frühstück. An der Kasse fing es dann sofort zu piepsen an. »Schockiert war ich«, gesteht er, »und hab die Händ hochgenommen.« Auch jetzt nimmt er sie hoch. Der Amtsrichter nickt mitfühlend und meint: »De können S' aber wieder runtertun.« Damals ließ er sie oben, bis die Gertraud kam. Heute erscheint sie auch und stellt sich so vor: »Ich bin für den Kassenbereich zuständig.«

Nun beginnt das, was der Vorsitzende nicht versteht. Die Gertraud soll, so der Slobodan, zu ihm gesagt haben: »Kommen S' doch mit.« Sie habe ihn in ein Zimmer geführt, Hosenträger von einem Regal genommen und behauptet: »Die haben Sie mir gestohlen.« – »Oiso«, meint der Amtsrichter, »des kann ich mir überhaupt net vorstellen, daß die Hosenträger nimmt und sagt: Die haben Sie mir gestohlen. Sie sollen vielmehr die Hosenträger in der Jackentaschn ghabt habn.« Vier frische Semmeln habe er gehabt, erwidert der Slobodan.

Die Gertraud erzählt die Geschichte schon etwas anders. Hinter dem Herrn sei sie in das Zimmer getreten. Er habe plötzlich so eine Armbewegung gemacht, wie man sie macht, wenn man sich in die Jackentasche greift. Und dann seien die Hosenträger auf dem Boden gelegen. »Und Sie haben die Hosenträger auch fallen gehört?«, möchte die blonde Staatsanwältin wissen und zwirbelt dabei weiter mit spitzen Fingern an einem roten Schnipsgummi herum. Die Gertraud bestätigt es.

Das unpassende Fallgeräusch läßt der Verteidiger quasi links liegen. Er tut vielmehr so, als sei er in der Tengelmann-Filiale Tag und Nacht daheim. »Es kommt ja öfter vor«, behauptet er, »daß dort Hosenträger am Fußboden liegen, nur in dem Zimmer halt nicht. Aber weil dort zufällig doch welche lagen, als mein Mandant es betrat, nahm die Zeugin an, sie stammten von ihm.« Als langjähriger Kunde habe der indessen wirklich gewußt, daß es in dem Haus eine Sicherungsanlage gebe. Und nötig, aber bitteschön, habe er es sowieso nicht.

Die Antwort vom Amtsrichter fällt nicht gerade gnädig aus. »Des is kein Argument net«, befindet er. »A jeder weiß, daß in jedem Supermarkt a Alarmanlage is, und trotzdem stehlen alle wie de Raben. Und net nötig ghabt, is ja überhaupt kein Argument. Heutzutag, wer da alles stiehlt . . .«

Mit einer Strafe von 6 Tagessätzen zu je 100 DM schickt er den Slobodan weiter. Der zieht im Gehen ein paar Mal mit beiden Händen die Hosen hoch. Sie werden nur von einem Gürtel gehalten. Der Herr Hofrat könnte tatsächlich Hosenträger brauchen.

Diebstahl und andere Kindereien

Die Hauptperson ist schon die Mama. Wegen Ladendiebstahls muß sie auf der Anklagebank Platz nehmen. Außer einem Anwalt bringt sie auch noch ihre kleine Gabi mit. »Mußt aber schön brav sein«, sagt sie. Die Gabi mag keinen eigenen Sessel, sondern setzt sich bei der Mama auf den Schoß. Damit sie schön brav bleibt, legt ihr die Mama ein himmelblaues Wundertier auf den Tisch, so eine Art Elefantenhase. Der Herr Staatsanwalt blicket stumm und ziemlich staatstragend in dem ganzen Saal herum, aber der Richter tut so, als komme jeden Tag mindestens ein Dutzend Dreijährige in seine Verhandlungen. Der Herr Staatsanwalt redet der Gabi ein bißchen zu lang. Als er endlich sagt: ». . . ist die Angeklagte hinreichend verdächtigt, aus dem Supermarkt in Milbertshofen eine Dose Kaffee, einen Riegel Biskin und sechs Geschenkpackungen Zigaretten entwendet zu haben«, singt sie bereits ihrem Elefantenhasen ein kleines Lied vor. Es heißt: »Trallatrallatrull.« – »Nicht die Leute stören«, ermahnt die Mama. Der Verteidiger sagt: »Das ist ein Mißverständnis. Meine Mandantin hat die Waren in einer Schwabinger Filiale des Supermarktes gekauft, und in der Milbertshofener Filiale, wo sie in ihrer Tasche gefunden wurden, wollte sie nur Äpfel.« Zum Beweis legt er eine Quittung vor.

Nun stecken alle ihre Köpfe über der Quittung zusammen, der Richter, der Staatsanwalt, der Verteidiger und die Mama. Da mag die Gabi natürlich nicht fehlen. Sie vergißt ihren Elefantenhasen, rast zum Richtertisch, hält die Ärmchen hoch und ruft: »Mama, rauf.« Die Mama schaut fragend den Richter an, der meint: »Warum net.« Die Mama nimmt die Gabi auf den Arm, die Gabi rudert dabei eifrig mit den Mäusefäustchen und haut dem Staatsanwalt gegen die Schulter. Der schaut wieder staatstragend, und die Mama sagt erschrocken: »Entschuldigen S' bittschön.« Dann haben alle die Quittung gesehen und gehen wieder an ihre Plätze. »Mama runter«, schreit die Gabi, weil sie ja selber gehen kann.

Bei der Zeugenaussage vom Filialleiter des Milbertshofener Supermarktes macht sich plötzlich eine gefährliche Stille breit. »An den Waren befanden sich noch die Preisetiketten, im Büro waren sie dann weg«, sagt er. Ob die Frau unbeaufsichtigt gewesen sei, will der Amtsrichter wissen. »Ganz kurz«, lautet die Antwort. Im gleichen Moment stellt sich heraus, daß auch die Gabi ganz kurz unbeaufsichtigt war. Sie krabbelt unter der Anklagebank hervor und zeigt stolz, daß sie schon Schuhe und Strümpfe allein ausziehen kann. Auf nackten Füßen geht sie im Saal auf Entdeckungsreise. »Lassen S' nur«, sagt der Vorsitzende. Aber die Mama traut dem Frieden nicht und holt die Gabi zurück. Leider bricht nun die Hölle los.

Die Gabi hat eine kräftige Lunge und kann sehr laut weinen. Der Richter lehnt sich zurück und lächelt. Der Staatsanwalt lehnt sich zurück und schaut staatstragend. Der Verteidiger versteckt sich hinter Akten, die Mama schaukelt ihre Gabi auf dem Arm, und die Gabi heult zum Fensterzerspringen. »Vielleicht mags zeichnen«, meint der Richter. »Ja, gern«, antwortet die Mama. Der Richter nimmt der Protokollführerin ein paar Blätter Papier weg und einen Kugelschreiber und entschuldigt sich, weil er zufällig keine Buntstifte dabei hat.

Die Gabi wird sofort still und kritzelt mit großem Eifer sehr krumme Striche aufs Papier.

Der Prozeß geht zu Ende, nachdem die letzte Zeugin erklärt hat, daß mit der Quittung etwas nicht stimmt. Sie ist die Kassiererin der Schwabinger Supermarktfiliale. Nun weint die Mama. Sie muß nämlich 800 DM Strafe zahlen. Dafür lacht die Gabi wieder. Sie ist gerade mit dem Zeichnen fertig, schaut ihr Werk an und singt: »Das ist Waa-aas-ser, Waa-aasser, dadada.« – »So, des hätt ma aa wieder«, sagt der Richter und atmet auf.

Für Karl hat sich's jetzt ausgeklopft

Der Karl ist ein großer Pechvogel im Umgang mit Automaten. Jedesmal, wenn er aus einem der blauen MVV-Kästen eine Streifenkarte ziehen will, bringt ihm das Ärger. Er wirft seine Markstücke hinein, und es kommt einfach nichts heraus, sagt er. Weder die Karte noch sein Geld. Dann klopft er immer mit der Faust dagegen, und gleich darauf erscheint meistens ein Herr in Zivil und nimmt ihn mit. So ist es ihm auch unlängst wieder im Hauptbahnhof passiert. Statt der fälligen Vergütung erhielt er wegen Diebstahls einen Termin beim Amtsrichter.

Laut Staatsanwältin funktioniert der Karl mit einer besonderen Technik die Fahrkartenautomaten zu Bankautomaten um. Ganz ohne Plastikkarte und Geheimzahl, dafür mit einem Stückchen Papier und einem Kugelschreiber. »Damit«, behauptet sie, »hat der Angeklagte den Münzkanal verstopft und mit Klopftechnik das Geld herausgeholt.« – »Was sagen S' jetzt dazu?«, fragt der Vorsitzende. Der Karl sagt ganz überrascht: »Verstopft war der? Ich hätt ja nie die fünfzehn Mark für die Streifenkarte reingworfen, wenn ich das gewußt hätt.« Und geklopft habe er wegen seiner 15 Mark.

Der Amtsrichter erinnert ihn, daß die Frage nach dem Kugelschreiber noch offen ist. Doch einen solchen hat er nicht gehabt, antwortet der Karl. Auch die Staatsanwältin erinnert ihn an etwas: »Sie waren doch schon einmal wegen so was da. Damals haben Sie es mit einem Strohhalm gemacht.« Sehr vornehm erwidert der Karl: »Man hat es mir vorgeworfen, aber es stimmte nicht.« Der Vorsitzende macht einen dünnen Mund und zischelt zwischen den Lippen hindurch: »Auf die Vorstrafen kommen wir noch.«

Zunächst kommt der Franz von der Bahnpolizei. Durch nichts an seiner Kleidung erkenntlich, ist er damals im

Hauptbahnhof herumgestanden und hat zwecks Observierung die Fahrkartenautomaten heimlich angeschielt wie tote Briefkästen. Natürlich ist ihm sofort der Karl aufgefallen. »Weil«, sagt er, »es doch komisch is, wenn einer da mit dem Kugelschreiber rummacht am Geldschlitz.« Dann sei der Mensch zur Seite gegangen, zurückgekommen, habe gegen den Kasten geklopft und Geld herausgenommen. Zweimal habe er das gemacht, und jedesmal habe er das Geld in die rechte Jackentasche gesteckt. Bei der Durchsuchung hat der Franz dann 27,50 Mark in dieser Tasche gefunden.

Das Geheimnis des Kugelschreibers erklärt der Franz recht ungenau. Damit nicht noch mehr auf die Idee kommen, vermutlich. Er sagt was von Münzwaage und Münzweiche, die man mit Papier im Automaten blockieren kann, und daß dann der Münzkanal volläuft, wenn andere Geld reinwerfen, das man dann mit richtigem Klopfen rausholen kann. »Zweimal sind S' sogar hingangen zum Klopfen, das hör ich zum ersten Mal«, sagt der Amtsrichter zum Karl. »Ich auch«, antwortet der und schaut giftig in Richtung Zeuge.

Was er nun hört, ist ihm aber sicher bekannt, es sind seine 11 Vorstrafen. Der Amtsrichter liest vor: »Fahrkartenautomaten geleert, Münzfernsprecher geleert, Fahrkartenautomaten geleert . . . Immer wieder das gleiche.« Zu den sechs Monaten, die vom letzten Mal noch aufs Absitzen warten, kommen diesmal wieder sechs. Wegen Mengenrabatt macht der Richter insgesamt zehn daraus. »Aber mit Bewährung geht da natürlich nichts mehr«, verkündet er. Der Vorsitzende klappt die Akten zu und der Vollstreckungsbeamte seine Schließzange auf. Der Karl muß nur noch ein Handgelenk hineinschieben. »Na, was is«, sagt der Uniformierte.

Weshalb der Werner nach Izmir muß

Der Elektroingenieur Werner besitzt in einer Wohnanlage eine Garage, außerdem kennt er ganz flüchtig einen Türken mit einer überaus klugen Katze. Beide hängen mit einem Stromkabel in Werners Garage zusammen, das niemand genehmigt hatte. Der Werner ist deshalb wegen Entzugs elektrischer Energie angeklagt. Der Strom für das Kabel lief nämlich über den Zähler der Wohngemeinschaft. Josef, der Hausmeister, entdeckte im Schaltschrank plötzlich ein siebtes Kabel. »Der Schaltschrank«, erklärt er dem Gericht, »ist im Ventilatorenhäuschen, das die Garagen daneben über einen Erdschacht mit Frischluft versorgt.« Neugierig hat er den Lauf des Kabels verfolgt und landete nach der 14. Garage in der vom Werner. Sie hatte als einzige Licht. Zur Probe klemmte er das Kabel ab, worauf auch im Werner seiner Garage das Licht ausging. Er mußte das Kabel übrigens öfter abklemmen, weil es offenbar immer wieder von selber in den Schaltkasten sprang.

Doch der Richter möchte zunächst wissen, wie man in das Ventilatorenhäuschen kommt. »Durch die Garage daneben«, sagt der Josef. »Und wie kann man so ein Kabel unter vierzehn Garagen verlegen?«, fragt der Richter. »Des is einfach«, antwortet der Josef, »jede hat im Boden eine Öffnung zum Lüftungsschacht.«

Der Herr Elektroingenieur sagt, daß ihn das nichts angeht, weil er seine Garage einem Türken überlassen hat. Der Herr Vorsitzende hätte gerne dessen Adresse, um ihn eventuell zu sprechen. »Der wohnt in Izmir«, sagt der Werner. Mehr wisse er nicht, weil der Türke nur ein flüchtiger Bekannter sei und nur alle heiligen Zeiten nach München komme mit seinen Teppichen. Vielleicht hat er sogar einen fliegenden Teppich, sinniert der Amtsrichter, wo er doch immer dann eintrifft, wenn gerade wieder das Kabel abgeklemmt wurde.

Aber der Türke ist noch gar nichts im Vergleich zu seiner Katze. Das verrät nun die Zeugin Linda, die Frau vom Werner. Sie berichtet zunächst, daß sie den Türken bei einem Urlaub in der Türkei kennengelernt und die Adressen ausgetauscht haben. »Also doch eine Adresse«, sagt der Amtsrichter. »Aber wir hatten hernach einen Unfall, und da ging sie verloren«, fährt der Werner dazwischen.

Der Türke allerdings hatte keinen Unfall und konnte deshalb seine neuen Bekannten in München besuchen. Beim Abendessen erzählte er dann, was jetzt die Linda wiederholt: »Er hat gesagt, daß er in unserer Garage in die Luftschachtöffnung eine Dose mit Fisch gestellt hat. Dann hat er der Katze eine lange Schnur angebunden und sie im Ventilatorenhäuschen in den Luftschacht gesetzt. Da ist sie immer dem Fischgeruch nachgegangen. Dann hat er an der Schnur nur noch das Kabel nachziehen müssen.« – »Ah na«, staunt der Amtsrichter, »ma möchts net glaubn, wia gscheit a türkische Katz' is.« – »Es war eine deutsche Katze«, sagt der Werner.

Das reicht dem Vorsitzenden. »So auf der Brennsuppn bin ich auch wieder net dahergschwommen, wie Sie meinen«, sagt er und verurteilt den Werner zu 6000 DM Geldstrafe. Dem paßt das überhaupt nicht, weshalb ihm der Richter den Rat gibt: »Fahrn S' halt in Urlaub in die Türkei und vergessn S' net, daß S' Izmir bsuchen. Und wenn Ihnen dort Ihr Türke übern Weg lauft, dann bringen S' ihn mit.«

Claudinchen, Claudia und Michael

Die Claudia ist 27, der Michael 25, und Claudinchen ist drei. Zusammen sind sie eine Familie ohne Trauschein, teilen sich Tisch und Bett und jetzt sogar die Anklagebank. »Ich nehme an, das ist Ihr gemeinsames Kind?«, sagt der Vorsitzende. Die Claudia lächelt etwas verlegen und antwortet leise: »Nein.« Claudinchen stört das aber überhaupt nicht. Sie kniet auf dem Schoß von Michael, schlingt fest die Ärmchen um seinen Nacken und kuschelt sich an ihn hin. So ähnlich hatte ihn vorher die große Claudia begrüßt. Beide haben ihn lange nicht gesehen, er wurde gerade aus der U-Haft vorgeführt.

Eigentlich suchte der Michael in dem Juwelierladen am Färbergraben nach einer Halskette. Die Mutter wollte sie ihm angeblich zum Geburtstag schenken. Doch als er, Claudia und Claudinchen wieder auf der Straße standen, fehlten dort fünf goldene Ringe. Die Claudia ließ sie deshalb verschwinden, weil der Besitzer sie plötzlich aufgefordert hatte: »Verlassen Sie mit ihrem Kind sofort den Laden.« Eine richtige Wut stieg da in ihr hoch, erklärt sie. Zufällig stand auch gerade eine Schmuckvitrine so einladend offen. Hernach übergab sie ihre Beute dem Michael. Er versetzte sie, statt sie zurückzutragen.

Der Vorsitzende sagt zu dieser Geschichte vorerst gar nichts. Dafür fragt er nach Drogen. »Heroin nicht mehr, aber Tabletten«, antworten beide. Auch an dem Freitag, wo das passiert ist, hatten sie schon ihre Frühstücksportion genommen – die Claudia allein acht Stück. »Ich war völlig zu«, erklärt sie und meint noch, daß sie sonst nicht so eine Wut bekommen hätte. Der Frau Staatsanwältin kommt da manches recht spanisch vor. »Eigentlich typische Beschaffungskriminalität. Da hat man Geld für Drogen gebraucht«, stellt sie fest.

Dem Besitzer des Juwelierladens war die Kundschaft gleich nicht geheuer. »Ich bin nämlich von Beruf Arzt«, erklärt er. Als Arzt bemerkte er bei dem Herrn zittrige Hände und erweiterte Pupillen. Bei der Dame fiel ihm auf, daß sie sich andauernd abseits hielt. »Ich hatte das Gefühl, da stimmt was nicht. Die wollten nicht kaufen. Deshalb bat ich die Dame, das Geschäft zu verlassen«, erklärt er. Gleich darauf sei ziemlich abrupt der Herr gegangen. Er hat dann sofort jene leeren Stellen entdeckt, wo vorher noch Ringe lagen. Die Polizei mußte nicht lange suchen, weil Michael und Claudia dort schon im Fotoalbum verewigt sind.

Beide wollten noch diesen Herbst eine Entziehungskur machen. Sie haben dafür einen Ort gefunden, wo auch Claudinchen dabeisein darf. Allerdings ist noch offen, wer die Therapie bezahlt. Selber haben sie kein Geld. »Wenn es klappt«, betont der Vorsitzende, »ist die Kur durch das Urteil nicht gefährdet. Es kann so lange ausgesetzt werden.«

Das Urteil lautet für beide auf je ein Jahr ohne Bewährung. Claudia preßt die Lippen zusammen, aber trotzdem rollen ihr Tränen übers Gesicht. Claudinchen sieht das, klettert der Claudia auf den Schoß und sagt mit ganz lieber Stimme: »Mama, warum weinst du? Mama, du sollst nicht weinen.«

Dann verabschieden sich beide von Michael so, wie sie ihn begrüßt haben. Bei ihm wurde Haftfortdauer angeordnet. Der Wachtmeister legt ihm die Schließzange an und führt ihn hinaus. »Mama«, fragt Claudinchen, »wohin gehen die jetzt?«

Sechs Monate für den Herrn Münchhausen vom Bierkeller

Der Siegfried und der Frank sind miteinander umgegangen fast wie Gentlemen. Nur die Kerstin scheint ein wenig nachlässig zu sein. Auch in der Nacht zum 29. September letzten Jahres hat sie wieder nicht aufgepaßt. Sie kam in die Bar, stellte die Handtasche vor dem Tresen einfach auf den Boden und dachte: Die steht da prima. Allerdings muß noch jemand so gedacht haben, denn plötzlich war die Tasche fort. Und jetzt geht es darum, ob sie der Frank gestohlen hat oder ein gewisser Herr Münchhausen. Weil dieser aber unauffindbar durch die Luft davongeritten ist, sitzt nur der Frank auf der Anklagebank. Doch der mag über die Tasche kein Wort verlieren.

Als einziger weiß nur der Siegfried Bescheid, der hat nämlich den Handtaschendieb gestellt. »Wie sind S' denn überhaupt auf diesen Mann gekommen?«, fragt der Amtsrichter. »Ganz einfach«, antwortet der Siegfried, »er war mein letzter Gast, und zufällig hab'ich ihm nachgschaut.« Er sah dabei zwar keine Tasche, aber die Richtung, die der Unbekannte einschlug. Als gleich darauf die Kerstin ihre Handtasche vermißte, ist der Siegfried auch in diese Richtung gegangen. Tatsächlich fand er seinen Gast wieder. Er stand am Personaleingang des nahen Bierkellers und hatte die Handtasche wie einen Rucksack umgehängt.

Der Sherlock Holmes überrumpelte ihn sofort mit einer Frage, die auch auf den Richter und die Staatsanwältin ihre Wirkung nicht verfehlt. »Was ham S' gsagt, wie S' den Mann mit der Tasche gsehn ham?«, fragen beide vorsichtshalber zurück. Der Siegfried wiederholt also zweimal, was er damals gesagt hat. Er hat nämlich in klassischem Schweinderldeutsch gesagt: »Gehe ich recht in der Annahme, daß das nicht deine Tasche ist?« Der Herr Dieb konnte da nicht widersprechen. »Es tut mir leid«, sagte er und überreichte zunächst die Tasche. Dann erklärte er, daß er in dem Bierkeller als Spüler arbeitet und zeigte seinen Hausausweis. Vielleicht lag es an der Dunkelheit: Der Siegfried notierte sich jedenfalls den Namen Münchhausen.

Übrigens kam in der gleichen Nacht der Siegfried noch einmal und hatte wieder Glück, weil der Herr Münchhausen immer noch am Personaleingang stand. Diesmal ging es um den Geldbeutel mit 190 Mark, den die Kerstin nun in der Tasche vermißte. »Er sagte wieder, daß es ihm leid tue, aber den Geldbeutel habe er nicht. Ich könne ihn ruhig durchsuchen«, berichtet der Siegfried. »Haben Sie ihn durchsucht?«, fragt der Amtsrichter. »Nein, so was liegt mir nicht«, antwortet der Siegfried.

Nun möchte die Frau Verteidigerin aber endlich wissen wer dieser Münchhausen war. »War das vielleicht dieser Herr hier?«, fragt sie und deutet auf ihren Mandanten. Der Siegfried schaut den Frank an und meint: »Das kann ich nicht sagen. Mit der Frisur kann ich ihn nicht wiedererkennen. Der Münchhausen hatte wesentlich längere Haare.« – »Danke«, sagt die Anwältin. Das war etwas voreilig, denn dem Siegfried fällt noch ganz schnell ein, daß der Münchhausen sächsisch sprach.

Nu gucke, der Frank sächselt ooch, als er dem Vorsitzenden erzählt, daß er 1986 riebergemachd had. Leider kann er auch seine Tätigkeit als Spüler im Bierkeller zum Zeitpunkt der Tat nicht mehr abstreiten, wie noch bei der Polizei. Und die zwei Zusammenstöße mit dem Gesetz wegen versuchten Diebstahls hat der Amtsrichter sowieso in den Akten drin. Er verurteilt deshalb den Frank zu sechs Monaten auf Bewährung. Im gleichen Moment donnert und blitzt es draußen. Aber es saust trotzdem niemand mit dem Dreispitz auf dem Kopf und einer Kanonenkugel zwischen den Beinen durchs Fenster herein und schmettert: »Hols der Teufel, hier bin ich«. Es handelt sich nur um ein gewöhnliches Gewitter.

Dieter hatte Pech mit der Plastikkarte

Allerheiligen ist sowieso ein trauriger Tag. Dem Dieter schlug er jedoch besonders aufs Gemüt. Er war gerade im Hauptbahnhof angekommen, schaute sich um und fühlte sich total fremd und verlassen. »Dreiunddreißig Jahr«, sagt er zum Amtsrichter, »hab ich Glück gehabt und die letzten drei Jahre nix wie Unglück.« 1986 ging seine Firma pleite, 1987 seine Ehe. Fortan hielt er es daheim in Ellwangen nicht mehr aus. Auf einer langen, ziellosen Reise quer durch die Bundesrepublik wollte er der Vergangenheit davonlaufen. In München mußte er von Amts wegen eine kleine Unterbrechung machen. Als ein Mensch ohne festen Wohnsitz kam er an jenem 1. 11. 1989 in U-Haft, aus der er heute vorgeführt wird.

Essen und Trinken hält Leib und Seele zusammen, dachte sich damals der Dieter am Bahnhof. Sofort ging er in den nächsten Ausschank. »Gegessen«, erzählt er dem Amtsrichter, »hab ich wenig.« Getrunken hat er dagegen mehr. Nach dem Frühschoppen war er zwar sein letztes Geld los, aber die Welt sah dafür viel freundlicher aus. Damit sie so bleibt, hat sich der Dieter gedacht: Trinkst noch etwas. »Ohne Geld?«, fragt der Vorsitzende. »Ohne Geld«, gesteht der Dieter. »Klassischer Fall von Zechbetrug«, stellt der Vorsitzende fest.

In einer sogenannten Bar an der Goethestraße kam der Dieter auf zwei Flaschen Sekt, drei Cocktails und ein paar Whiskys. Geholfen hat ihm dabei die Diana. Zum Dank gewährte sie ihm eine kleine Portion Körperwärme. »I hab mi halt dazuagsetzt«, erinnert sie sich als Zeugin. Diesmal hat sie ihre langen Beine in Jeans und weiße Stiefel eingeschweißt, so eng sitzt alles. Über der Gürtellinie geht es aber lockerer

zu, da könnte sie sich genauso gut mit ihrer mahagoniroten Mähne zudecken. Die Frage nach ihrem Beruf beantwortet die wandelnde Sünde so: »I arwat in a Bar.« – »Also Bardame, oder wie man das nennen mag«, sagt der Amtsrichter. Außer der Diana gab es in dem Dämmerschuppen aber noch eine echte Barfrau. Die ist dann an den Tisch gekommen und hat gesagt: »Jetzt mach ma a Zwischenrechnung.« Der Dieter sagte, daß am Schluß bezahlt wird und er vorläufig noch eine Flasche Schampus möchte. »Aber de Barfrau«, erzählt Diana, »hat net mögn. A Zwischenrechnung und sonst nix, hats gesagt.« 375 Mark waren bereits zusammengekommen. Der Dieter drohte, daß er am liebsten überhaupt nicht mehr zahlen möchte, zog dann aber doch eine Plastikkarte aus der Tasche und erklärte: »Jetzt hol ich Geld.«
Damit er sich nicht verläuft, ist die Diana mitgegangen zum Bankautomaten. »Aber«, sagt sie, »des hat ja hint und vorn net highaut. De Kartn hat ja net amoi in den Schlitz neipaßt.« Bei genauerem Hinschauen entdeckte sie auf der Karte lediglich einen Firmennamen und eine Telefonnummer. Inzwischen hatte die echte Bardame schon die Polizei gerufen. »Das war wirklich alles ganz dumm«, sagt der Dieter. Der Amtsrichter findet das auch und verurteilt ihn zu drei Monaten mit Bewährung.
Nun könnte eigentlich der Dieter als freier Mann das Justizgebäude verlassen. »Wie kommt denn der da rein«, sagt im letzten Moment ganz erstaunt der Richter und holt aus den Akten einen alten Haftbefehl, der dem Dieter bisher erfolglos nachgereist ist. »Und? Bin ich jetzt frei?« fragt der Dieter. Von ihm aus schon, meint der Richter, aber er sei nicht mehr zuständig. Das sei nun der Ermittlungsrichter im Polizeipräsidium. Vorsorglich bestellt er dem Dieter gleich Begleitpersonal. »Und wie komm ich zu meinen Sachen nach Stadelheim?«, sorgt sich der. »Irgendwie«, antwortet der Vorsitzende, »kommen S' schon wieder hin.«

Der Dieter interessiert sich sehr für Textilien

Ruf mal wieder an. Diese Aufforderung der Post muß der Dieter falsch verstanden haben. Doch er sagt, daß er es nicht war, weil er die Leute nicht kennt. Nachts könne er überhaupt nicht telefoniert haben, weil sein Telefon am Flur direkt gegenüber dem Schlafzimmer steht, die Schlafzimmertüre immer offen ist und seine Frau einen ganz leichten Schlaf hat. Und morgens könne er schon gleich gar nicht telefoniert haben, weil er da in der Arbeit ist.

Der Amtsrichter ist von Beruf mißtrauisch. Er meint, daß man während der Arbeit durchaus von Telefonzellen telefonieren kann. Auch der leichte Schlaf der Ehefrau wäre für ihn jedenfalls kein Hindernis. »Wenn i das weiß, bin i halt ein bißl leiser«, stellt er fest. Komisch wäre es der Frau Gemahlin sicher vorgekommen, wenn sie vom Dieter seinen Gesprächen, die er angeblich nicht geführt hat, etwas mitbekommen hätte. Zumindest hätte sie sich gefragt, ob ihr Mann eventuell umsatteln möchte.

Er ist zwar Bodenleger, bei den Gesprächen interessierte er sich jedoch mehr für bestimmte Textilien. Genauer gesagt, für jene Warndreiecke, die unter der Bezeichnung »Slip« im Handel sind. Offenbar hatte es ihm die Farbe schwarz besonders angetan. Außerdem erteilte er noch Ratschläge, was sich mit einem Telefonhörer außer Telefonieren eventuell auch anstellen ließe. An einem Mittwochmorgen um 8 Uhr zappelte sein Anschluß dann in der Fangschaltung.

Am anderen Ende der Leitung war immer eine junge Jugoslawin, manchmal auch deren Mutter. »Können Sie Dialekte unterscheiden?«, fragt der Amtsrichter beide der Reihe nach. »Deutsch hat er geredet«, antworten sie. Aber das genügt dem Herrn Vorsitzenden nicht. Er möchte wissen, ob sie zum Beispiel wüßten, daß jemand aus Hamburg kommt, wenn er den Mund aufmacht und redet. Vielleicht gerät ihm die Frage deshalb so kompliziert, weil jeder weiß, daß der Dieter bestimmt nicht aus Hamburg kommen kann, so wie der redet, wenn er den Mund aufmacht. Aber die Frauen sagen, sie kennen nur Deutsch in München.

Nun probiert es der Amtsrichter andersherum und unterhält sich mit dem Angeklagten. »Das war die Stimme« erklären beide Frauen sofort. Anschließend erläutert der Fachmann von der Post, warum es bei der Fangschaltung keinen Fehler geben kann. Nun meint der Richter zum Dieter: »Sie können natürlich weiter abstreiten, aber ich hab jetzt beim besten Willen keine Zweifel mehr. Es ist grad Ihr Dialekt, der ist einmalig. Da müßt der mögliche Täter Ihren Dialekt haben und dann noch Ihre Telefonnummer. Aber das wären schon viele Zufälle.«

Der Dieter sagt, daß er nur sagen kann, daß er es nicht war, und möchte in seinem einmaligen Singsang-Dialekt noch wissen: »Nu, wenn alles so berfeggt is bei dr Bost, warum gibsn dann gain Donbandbrodogoll?« – »Weil da ein richterlicher Beschluß vorliegen muß«, antwortet der Vorsitzende und kommt im Urteil zu einer Geldstrafe von 2750 DM.

Nach dem Prozeß redet der Dieter vor dem Justizgebäude noch eine Ewigkeit auf den Mann der jungen Jugoslawin ein. Sie schaut mit ihrer Mutter aus einiger Entfernung recht grimmig zu, weil es offenbar eine nicht unfreundliche Unterhaltung ist. Als beide Männer sogar lächeln, zerrt sie den ihren voller Wut weg.

Die Erika ging durch die Glastür

Fast so einträchtig wie die Turteltauben sitzen ein Mann und eine Frau vor dem Verhandlungsraum auf der Wartebank zur irdischen Gerechtigkeit. Es sind der Ali und die Erika, wie sich später herausstellt. Endlich werden sie aufgerufen. Gemeinsam steuern sie auf die Sitze für Angeklagte zu. »Na«, meint der Richter zum Ali, »Sie net. Sie warten bittschön noch draußen.« Er ist nämlich Zeuge. Die Erika muß sich allein hinsetzen. Sie ist wegen gefährlicher Körperverletzung angeklagt.

Alles hatte so schön angefangen bei dem Wiesn-Bummel im letzten September: Die Erika sagt, daß sie und ihr Mann recht lustig waren. Und die Bekannten, die dabei waren, seien ebenfalls recht lustig gewesen. Nach ein paar Maß jedoch kam es plötzlich zum Streit. »Damals war die Ehe aber schon zerrüttet?«, fragt der Vorsitzende nach einem Blick in die Akten. »Ja«, antwortet die Erika. Voller Wut ist sie sofort allein heim, etwas später kam ihr Mann. Auch er war überhaupt nicht mehr lustig.

Bei dieser Aussage findet der Herr Vorsitzende eine kleine Ungereimtheit in den Akten. »Wieso sind Sie denn in seine Wohnung, Sie hatten doch schon Ihre eigene«, stellt er fest. Die Erika nickt und stottert: »Da hat, da war . . . Also da fand vorher sozusagen eine Versöhnung statt. Drum sind wir ja hernach auf d'Wiesn.« – »Ah so«, sagt der Amtsrichter. Nun will er nur noch ganz vorsichtig wissen, ob sich ihr Mann eigentlich wieder geärgert hatte, wegen ihrer Sache mit einem anderen, und ob er sie geschlagen hat. »Was Schlechtes«, erwidert die Erika, »möcht ich jetzt über ihn net sagen.«

Eine zweite Versöhnung im Schlafzimmer gab es in jener Nacht nicht, dafür kam es in der Küche zu einer ziemlichen Explosion zwischen beiden. Die Erika weiß nur noch: »Ich

hatte plötzlich ein Messer in der Hand, und er ist hinüber ins Wohnzimmer und hat die Türe zugesperrt. Dann hab ich mich an der Scheibe verletzt.« – »An welcher Scheibe denn?«, fragt der Vorsitzende. »Die von der Wohnzimmertür«, antwortet die Erika. Die müsse sie wie eine Furie eingeschlagen haben und dann hindurchgegangen sein. Erinnern aber könne sie sich erst wieder an die Nachbarin.
Nun ruft der Vorsitzende den Ehemann herein, es ist – der Ali. Er erklärt, daß er seinerzeit zwar Anzeige erstattet hat, jetzt allerdings die ganze Sache vergessen möchte und deshalb nichts sagt. Die Nachbarin erzählt dem Gericht, daß die Erika an dem Tag früh um ein Uhr rum bei ihr geläutet hat. »Ein Messer hats in der Hand ghabt. Ganz aufglöst wars und zwoa Stundn hats gweint. Dann hats die Polizei angerufen.« – »Haben Sie mitbekommen, daß sie geschlagen wurde?« möchte der Amtsrichter wissen. »Öfter«, sagt die Nachbarin. Mit den Polizisten ging die Erika in die Wohnung zurück. Dort ist sie zu Tode erschrocken, daß sie so was hat anrichten können: Der Ali blutete aus zwei Stichen am Unterarm, und das Telefonkabel war auch durchschnitten. Der Schrecken hängt ihr immer noch nach, deshalb bringt sie beim Schlußwort überhaupt nichts zu ihrer Verteidigung heraus. Doch das Gericht kratzt sorgfältig zusammen, was für die Erika spricht: das Geständnis, die Schuldeinsicht, die Tatsache, daß sie nicht vorbestraft ist. Mit 90 Tagessätzen à 50 Mark kommt sie davon.
Gemeinsam wie sie eingetreten sind, verlassen die Erika und der Ali den Saal. In der nächsten abgelegenen Ecke bleiben sie stehen, zünden sich eine Zigarette an und tuscheln. Als die Leute kommen, suchen sie sich einen anderen stillen Winkel. Sie haben sich offenbar noch ziemlich viel zu sagen.

Obrigkeit unter fremden Bettdecken

Dem Rolf ist die ganze Sache ziemlich peinlich. Sehr blaß sitzt er in der Anklagebank. Es geht um ein Bettgeflüster haarscharf an der Strafbarkeitsgrenze. Jedenfalls hatte nach dieser turbulenten Freitagnacht Ehefrau Dorit blaue Flecken im Gesicht. Sie rief den Klaus an und klagte ihm ihr Leid. Der Polizei hat sie auch was geflüstert. »Ich war betrunken«, gesteht der Rolf fast tonlos, »sonst wäre das nicht passiert.«

Was genau passiert ist, kann der Rolf gar nicht sagen. Er hat an dem Tag nämlich rund 20 Halbe getrunken, weil da soviel zusammengekommen ist. Das begann schon am Morgen in der Arbeit. Da hat man ihm erklärt, daß er wieder gehen kann, weil es keine Arbeit mehr gibt. Auf dem Weg nach Hause machte er in verschiedenen Wirtschaften Station. Irgendwann fiel ihm dabei ein, daß seine Dorit neuerdings jeden Tag den gemeinsamen Freund Klaus traf. »Und des gibt oam scho aa zum Denkn«, erklärt er. Die letzte Kneipe verließ er ungefähr um Mitternacht. »Mehr woaß i nimmer«, sagt er.

Der Amtsrichter nimmt das zur Kenntnis, meint aber: »Eine Frage taucht auf. Wie haben Sie erfahren, was anschließend zu Hause passiert ist?« – »Mei Frau«, antwortet der Rolf, »hat mir am nächstn Morgn erzählt, daß i mit ihr schlafn wollt und sie net wollt und so.« Mit »und so« kann der Herr Vorsitzende wenig anfangen. »Zugeschlagen sollen Sie haben und gedroht, daß Sie sie umbringen, wenn sie was mit einem anderen hat«, erklärt er. »Ja«, antwortet der Rolf, »des hats mir aa gsagt.«

Im Gegensatz zu damals mag die Dorit heute von der verunglückten Ehenacht nichts mehr wissen. »Ich mache keine Aussage«, erklärt sie kurz und bündig als Zeugin. Der Hausfreund Klaus kann auch nur sagen, was ihm die Dorit erzählt hatte. Daß der Rolf wollte und sie nicht. Die Frau Staatsanwältin möchte seltsamerweise von ihm erfahren, ob es nun auch dazu gekommen ist. Vermutlich geistert gerade eine Vergewaltigung im Ehebett durch ihren Kopf. Aber der Klaus sagt, daß ihm die Dorit gesagt hat, daß es nicht dazu gekommen ist. Zum Rolf meint die Frau Staatsanwältin nun recht grantig, daß sie ihm seine Bewußtseinslücke nicht glaubt, was seine Situation nicht verbessert.

Der Herr Vorsitzende ist offenbar anderer Meinung. Ganz sachte, damit sich die Obrigkeit nicht weiterhin ungebeten unter fremde Bettdecken verirrt, erinnert er an die Dorit. »Die Ehefrau hat gerade signalisiert, daß für sie die Sache erledigt ist«, sagt er. »Und außerdem hat der Angeklagte keine einschlägigen Vorstrafen. Ich schlage vor, das Verfahren einzustellen.« Die Frau Staatsanwältin erklärt, daß sie erst noch den Sachverständigen hören möchte. Der stellt fest, daß er hauptsächlich für Promille zuständig ist, aber nicht für Bewußtseinslücken. Aus Erfahrung wisse er nur, daß man solche Lücken glauben kann oder nicht. Jetzt ist auch die Staatsanwältin mit dem Einstellen einverstanden. »Aber das verdanken Sie nur Ihrer Frau«, sagt sie.

Die Dorit wartet draußen auf den Rolf. Hand in Hand gehen sie zum Ausgang. Mit der freien Linken zündet er eine Zigarette an, macht drei Züge und reicht sie ihr rüber.

Heinrichs schöne Welt: der Bahnhof

Reisende, Züge, Bahnhofshalle, das ist dem Heinrich seine schöne Welt. Regelmäßig kommt dann ein Uniformierter daher und fragt, wieso er jetzt schon wieder dasitzt, wo er doch Hausverbot hat. Anschließend darf er wegen Hausfriedensbruch eine ziemlich kleine Reise in die U-Haft antreten, weil er als Großstadtindianer keine feste Adresse hat. Sein Wigwam steht nämlich jede Nacht in einer anderen windgeschützten Hausecke.

Auch heute kommt er aus der U-Haft. Der Amtsrichter sagt zu ihm: »Ja, grüß Sie Gott, sehn ma uns schon wieder.« Dann fragt er teilnahmsvoll: »Wie lang san ma diesmal gsessn?« – »Zwei Monat«, antwortet der Heinrich. Der Amtsrichter bedauert das in gewisser Weise, meint aber, daß er ihm schon letztes Mal gesagt habe, daß unter zwei Monaten nichts mehr geht. »Macht nix, paßt schon«, tröstet ihn der Heinrich. Eigentlich sollten ja noch zwei Zeugen kommen für den Fall, daß der Heinrich etwas bestreiten möchte. Aber der Amtsrichter kennt ihn und hat sie abbestellt. »De brauch ma doch net. Oder hätt mas braucht?«, fragt er den Heinrich. »Ach was«, erklärt der, »de brauch ma wirkli net.« Nur bei der Berufsfrage gibt es eine kleine Meinungsverschiedenheit. Der Heinrich behauptet, daß er Konditor ist. Doch der Amtsrichter weiß es inzwischen besser. »Konditor gelernt, des schon«, meint er, »aber arbeitn tun S' doch nix mehr.« So betrachtet, pflichtet der Heinrich bei, stimmt es auch wieder. Nun geht es darum, wo ein Mensch wie er am besten sein Bier trinkt, wenn er im Hauptbahnhof Hausverbot hat. »Warum sind S' denn wieder rein? Trinkn S' halt ihr Bier woanders«, meint der Amtsrichter. Eine Wirtschaft sei doch dafür sehr geeignet. »Geht net«, antwortet der Heinrich, »da is zu teuer.« – »Dann a Kiosk auf der Straß«, schlägt der Amtsrichter vor. »Des war a Sonntag«, sagt der Heinrich,

»da sans alle zu.« Und überhaupt schmeckt so ein Bier im Bahnhof ganz besonders. »Im Bahnhof«, schwärmt er, »is schön. De Leut kommen und gehn, sind freundlich und grantig, fahrn weit weg . . .« – »Ich weiß«, unterbricht ihn der Amtsrichter, »des Kindheitserlebnis.«

Als Kind hat der Heinrich nämlich einmal von Ungarn bis an die Ostsee mit dem Zug fahren dürfen. Von dieser unendlichen Reise schwärmt er in jeder Verhandlung, auch heute. Da seufzt der Amtsrichter ein bißchen über die bestehende Rechtsordnung: »Mei, des gibt halt auch Hausfriedensbruch, wenn ma Hausverbot hat«, sagt er. Dann holt er die Vorstrafenliste heraus und erklärt, daß er wegen der Länge am besten mit dem Vorlesen von hinten anfangt. Dann fangt er aber auch nicht von hinten an, sondern fragt: »Wie oft sind S' denn wegen Hausfriedensbruch verurteilt, wissn S' des?« – »Dreißigmal«, antwortet der Heinrich. »Na, zwanzigmal reicht auch«, sagt der Richter.

Der Staatsanwalt möchte den Heinrich für sechs Monate ins Gefängnis schicken. Der Heinrich selber sagt, daß er mit fünf Monaten rechnet. Der Vorsitzende kommt auf zwei Monate, die durch die U-Haft abgegolten sind und erklärt: »Unsere Rechtsordnung wird dadurch nicht erschüttert werden.« Dem Heinrich legt er ans Herz: »Probiern S' halt amal mir zuliebe, daß nimmer in den Bahnhof gehn.« Der Heinrich antwortet darauf überaus vorsichtig in der Möglichkeitsform. Er sagt: »Ja, des wär vielleicht was.«

Als die Streife den Bierstand bestreifte . . .

Der Gerhard geht vor der Türe auf und ab und hin und her wie ein sibirischer Königstiger in der Manege, wenn er auf das Podest springen soll und nicht mag. So richtig fauchen kann er allerdings nicht, aber zwischendurch knurrt er schon ganz schön. Dann muß er doch hinein in den Sitzungssaal. Kaum hat er Platz genommen, sagt er:»Des war überhaupts koa Hausfriedensbruch net.« Wegen Hausfriedensbruch u. ä. ist er nämlich angeklagt. Der Staatsanwalt zuckt mit den Schultern und macht dazu ein Gesicht, von dem man mühelos ablesen kann:»I glaub schon, aber wenn S' meinen . . .« Den Vorsitzenden beschäftigt zunächst etwas ganz anderes. Er schaut ziemlich lange auf ein Blatt Papier, das vor ihm liegt, nimmt beim Lesen sogar den ausgestreckten Zeigefinger zu Hilfe, nagelt damit offenbar einen besonderen Satz fest und sagt endlich zum Gerhard:»Das ist aber interessant. Da steht im Polizeiprotokoll, daß Sie auf die Frage nach Ihrem Beruf geantwortet haben: Weiß ich nicht, bin so blöd.« Der Amtsrichter meint, ob er eventuell heute seinen Beruf wisse?»Elektroniker«, verrät der Gerhard. Nun kommt also der Hausfriedensbruch um 1 Uhr früh im Hauptbahnhof an die Reihe, der für den Gerhard keiner war. »Weil«, erklärt er,»i sowieso gleich zur letztn S-Bahn müssn hätt.« Mit einer Halben, die zudem schon halb leer war, habe er sich die Wartezeit vertrieben. Dann hat sie ihm allerdings der Bahnpolizist Manfred vertrieben. Zuerst mit der Frage, ob er ein Reisender sei und einen gültigen Fahrausweis besitze. Dann mit der Aufforderung, das Gebäude zu verlassen.»Und des is a Unverschämtheit«, ärgert sich der Gerhard noch heute. Damals gebrauchte er jedoch ein paar andere Worte, daher das »u. ä.« in der Anklage.

Ehe der Zeuge Manfred darauf zu sprechen kommt, macht er das Gericht in Bahnpolizeideutsch mit der damaligen Sachlage bekannt:»Der Bierstand ist von der Streife bestreift worden. Wegen der unerwünschten Personen.« Dann sagt er, daß es unerträglich sei mit den unerwünschten Personen. Der Herr da habe ihm zum Beispiel auf seine Frage nach der Fahrkarte geantwortet:»Arschloch, das geht dich einen Scheißdreck an.« Der Vorsitzende schaut fragend den Gerhard an.»Irgend sowas werds scho gwesn sei, aber obs grad des war«, murmelt der.

Jetzt geht es eigentlich nur noch darum, ob auch S-Bahn-Benutzer punkt 1 Uhr früh den Bahnhof räumen müssen, weil sie keine Zugfahrkarte haben. Der Herr Bahnpolizist klärt den Amtsrichter auf, daß diese Personen halt hinunter in die S-Bahn müssen.»Und warum schenkn dann de am Bierstand a Bier aus, wenn mas net trinkn derf?« fragt der Gerhard bissig.»Das ist es ja«, erwidert der Zeuge,»die Kellner müßtn fragen: Sind Sie Reisender?« Eine gewisse Verbitterung über die geringe Unterstützung seiner Staatsautorität durch das gastronomische Fußvolk ist dabei nicht zu überhören.

Der Staatsanwalt meint, daß der Angeklagte sich im Recht fühlte, es aber nicht war.»Wie soll man das jetzt bestrafen?«, fragt er ratlos, aber gleich darauf fällt ihm die Antwort ein: mit 40 Tagessätzen zu je 40 Mark nämlich. Der Angeklagte nützt sein letztes Wort zu der Bemerkung:»Dazu möcht i nix mehr sagn.« Der Herr Vorsitzende erklärt:»Dem Angeklagten ist nicht Unrecht geschehen, sondern Unrecht ist von ihm begangen worden.« Dann brummt er ihm die Geldstrafe auf, die dem Staatsanwalt gerade noch rechtzeitig eingefallen ist. Der Gerhard steht auf, geht und grantelt hinter der Tür, da könnt ihn ja beim Bier gleich ein jeder anreden. Und voller Münchner Verachtung fügt er hinzu:»Der Gloiffe, der.«

Schorsch, Seine Majestät der Hausmeister

Der Schorsch ist die wandelnde Hausordnung und außerdem noch Hausmeister. Diese glückliche Personalunion macht ihn direkt zu einer Majestät in der ganzen Wohnanlage. Manche Mieter bilden sich freilich ein, daß der König Schorsch von des Hausbesitzers Gnaden ihnen gestohlen bleiben kann. »Des is net einfach«, erklärt er dem Amtsrichter, »jeder hat a Hausordnung, aber koana hats glesn. Wenn i dann drauf besteh, bin i der Buhmann.« Von Prügelstrafe steht allerdings nichts in der Hausordnung. Aber genau deshalb, nämlich wegen Körperverletzung, sind Seine Majestät der Hausmeister angeklagt.

Irgendwie hängt alles mit dem Andy vom 4. Stock zusammen. Wie sich der Andy und Seine Majestät kennengelernt haben, muß der Andy ungefähr so groß wie der Däumling gewesen sein. König Schorsch machte ihm öfter die Haustüre auf und erinnert sich heute an diese ferne Zeit so »A so a netter Bua war des. Aber heit hat er sich so entwicklt.« Der Amtsrichter legt den Kopf etwas schief und wartet darauf, wie sich der Andy entwickelt hat. Es gibt da schon gewisse Burschen, orakelt der Schorsch, die ihm aus lauter Bosheit zum Beispiel den Schmutz ins Treppenhaus tragen, weil sie sich bei schlechtem Wetter einfach nicht die Schuhe am Eingang abstreifen. Und dann holen noch ein gewisser Peter und ein gewisser Bruno den Andy abends häufig ab.

Zwischen diesen beiden jungen Herrn und dem König Schorsch hat sich im Laufe der Zeit eine schöne Feindschaft entwickelt. »I bin halt zfaul, daß i in vierten Stock rauflatsch«, erklärt der Peter. Drum hat er anfangs unten auf der Straße immer dreimal kurz gehupt, damit der Andy Bescheid wußte. Diesen Lärm konnte der Schorsch natürlich nicht dulden. »Manchmal ham ma aa Radio ghört im Auto, bis der Andy komma is«, sagt der Bruno. Aber vor dem Andy kam regelmäßig der Schorsch, weil er nämlich auch diesen Lärm nicht dulden konnte.

An einem Aprilabend um 20.15 Uhr wurde es dann dem Schorsch zuviel. Er hörte von der Straße Pfiffe, rannte ans Fenster, und was sah er? Den Peter und den Bruno, wie sie dem Andy hinaufpfiffen. Ganz höhnisch, sagt er, hätten sie ihm dabei zugewunken und auch den Vogel gezeigt. Er raste aus dem Haus mit einem Plastikkabel in der Hand. »Des hab i immer hinter der Wohnungstür, für alle Fälle«, erklärt er. »Wia der dahergekommen is und glei zugschlagn hat, war einfach oberbrutal«, erinnert sich der Bruno.

Inzwischen sah der Andy, von den Pfiffen alarmiert, zum Fenster hinunter. Er rief seiner Mutter ins Wohnzimmer, daß sie sofort die Polizei anrufen soll, weil der Hausmeister unten auf der Straße seine Freunde verprügelt. Sie hat gemeint, daß ihr Sohn spinnt, erklärt sie dem Amtsrichter. Deshalb ist sie selber ans Fenster und hat runtergeschaut. »Da hab ichs dann auch gsehn«, sagt sie. Gesehen hat es noch eine andere Hausbewohnerin, die gerade von der Arbeit kam. Sie hielt ein Taxi auf und sagte zum Fahrer, er soll die Polizei rufen.

Der Amtsrichter meint, daß ein Hausmeister auch tolerant sein müsse und daß es schon bezeichnend ist, daß manche Zeugen inzwischen ausgezogen sind. Dann schickt er den Schorsch mit 4200 DM Geldstrafe nach Hause. Während er seine Robe auszieht, sagt er zum Staatsanwalt: »Des is genau de Wohnanlag, wo ich wohnen möcht.« Der Staatsanwalt nickt und erwidert: »I aa.«

Gerechtigkeit und Wahrheit –
da verschlägt's dem Kaspar die Luft

Es geht um einen Strafbefehl über 60 Tagessätze zu je 60
Mark, den der Kaspar nicht zahlen will.»Mei, de kloane
Rangelei«, meint der Verteidiger,»gegen a Geldbuße könnt
mas doch eigentlich vergessen.«–»Ohne mich«, erwidert die
Staatsanwältin.»An der Anzahl der Tagessätze is nichts zu
machen«, erklärt der Vorsitzende,»über die Höhe, guad, de
is gschätzt im Strafbefehl, da müaßt ma redn.« Aber der Kaspar sagt:»Mir geht's um de Wahrheit und de Gerechtigkeit.«
Nun unterhalten sich der Kaspar und der Amtsrichter darüber, was das bringen könnte, die Wahrheit und die Gerechtigkeit.»De Zeugen werdn nix anderes behaupten als bisher«, gibt der Amtsrichter zu bedenken.»Des san ja«, sagt
der Kaspar,»lauter Lügn. Drum möcht i de Wahrheit und de
Gerechtigkeit.« Der Vorsitzende kennt offenbar das Sprich-
wort:»Was ich nicht weiß, macht mich nicht heiß.« Er orakelt nämlich:»Es könnt aber vielleicht mehr rauskommen,
wenn ma alles durchverhandln.« Dann meint er noch:»Bloß,
daß es hernach koa Überraschung gibt, gell.« Der Kaspar
will sich jedoch von seiner Wahrheit und Gerechtigkeit nicht
trennen.»Also guad«, seufzt der Vorsitzende.
Der Kaspar ist ein Rentner ohne Rente, dafür besitzt er in
Pasing ein Mietshaus. Im Erdgeschoß hat damals der Reinhold gewohnt und von der Miete 70 Mark abgezogen, weil er
keine richtige Heizkostenabrechnung vom Kaspar bekommen hat und auch kein Kellerabteil, wie es im Mietvertrag
stand. Eines Tages kam es dann im Hof bei den Aschenton-
nen zu der besonderen Begegnung.»Wann wolln S' jetzt
endli Ihre Miete richtig zahlen, hab i gfragt«, erinnert sich der
Kaspar. Aber der saubere Herr habe erklärt:»Reden S' mit
meim Anwalt.«

Der Reinhold ist nach der mageren Antwort gleich gegangen. Der Kaspar folgte bis in die Wohnung hinein, obwohl der Reinhold die Türe zumachen wollte.»Hat er gesagt, daß Sie reinkommen sollen?«, fragt der Richter.»Der redt doch nix mit mir«, antwortet der Kaspar.»Also, er hat es nicht gesagt. Da ham ma schon Hausfriedensbruch«, erklärt der Richter. Der Kaspar meint, das sei eine schöne Gerechtigkeit, wenn man in seinem eigenen Haus nicht einmal mehr in die Wohnungen gehen dürfe.»Dürfn S' aa net«, klärt ihn der Richter auf. Da verschlägt es dem Kaspar kurz die Sprache. Wegen der nun schon sehr drohenden Überraschung am Schluß wird jetzt eine kleine Bedenkpause eingelegt:»Weil«, sagt der Vorsitzende,»der Strafbefehl eventuell doch billiger ist.« Anschließend erklärt der Verteidiger, daß man den Einspruch zurückzieht. Der Kaspar ändert jedoch in diesem Augenblick seine Meinung und verkündet:»Ich möcht de Wahrheit und de Gerechtigkeit.« Sofort gibt es eine Streiterei zwischen beiden, der Richter beendet sie schließlich mit dem Aufruf der Zeugen.

Der Reinhold sagt, daß der Kaspar damals mit so einer Wucht gegen die Wohnungstüre gedrückt habe, daß er auf das Sofa im Flur geflogen sei. Der Thomas sagt, er sei in der Badewanne gesessen, als er die Hilferufe vom Nachbarn Reinhold hörte.»I hab mir's Handtuch rum und bin nüber. Da Reinhold is hoibat glegn und hoibat gstandn, der Hausherr war über eahm.« Zwischen zwei Luftschnappern ruft der Kaspar voller Wut dazwischen, daß alles erstunken und erlogen ist.

Das Orakel des Richters bewahrheitet sich: Im Urteil werden aus den 3600 Mark vom Strafbefehl 4800. Der Kaspar schnappt wieder nach Luft, dann sagt er mit einem dumpfen Grollen in der Stimme:»Wahrheit und Gerechtigkeit is des, haha.« – »Es wird Zeit, daß Sie gehen«, meint der Vorsitzende. Die Frau vom Zeugen Thomas sagt zu ihrem Mann:»Ich glaub, wir sollten uns eine neue Wohnung suchen.« Der Reinhold ist schon ausgezogen.

Beim Verfugen der Fugen kam es zur Rauferei

Der Konrad arbeitete an der Baustelle als Fliesenleger, und der Peter setzte Türstöcke ein. Am Wohnzimmereingang wurde es dann kritisch. Erstens wollte keiner seine Arbeit unterbrechen, zweitens geht es nicht, am selben Platz gleichzeitig den Boden zu verfliesen und den Türstock einzusetzen. Es kam aber doch zu einer Pause, weil gleichzeitig den Boden zu verfliesen, den Türstock einzusetzen und zu raufen geht nämlich überhaupt nicht.

Eine Watschn hätte sich der Konrad eventuell klaglos gefallen lassen. »So was kummt vor«, sagt er. Aber eine richtige Rauferei an der Baustelle mag er nicht. »Da liegt a Haufa Handwerkszeigl rum, und des is ja vui zgfährli, wenn da oana was damit ofangt«, erklärt er. Deshalb zeigte er den Peter an, obwohl der sagte: »Geh zua, da brauch ma doch koa Polizei.« Wegen seiner offenen Bewährung wollte er halt keineswegs auf die Anklagebank. Nun sitzt er aber doch dort.

Vorsichtshalber nennt er das Ganze einen Schmarrn. »Jetzt kommt wieda so a Schmarrn daher«, sagt er, »wo i wegn so an Schmarrn zwoaradachzg zum letztn Moi verurteilt wordn bin.« – »Ah, ah«, antwortet der Amtsrichter, »da ham S' die letztn Jahr aber recht erfolgreich verdrängt.« Dann liest er ihm seine zahlreichen Besuche bei Gericht seit '82 vor und kommt natürlich auch auf die offene Bewährung. »Aber net wegn so an Schmarrn«, beharrt der Peter. Im übrigen sei sowieso alles ganz anders gewesen.

Laut Peter hat der Konrad die Fugen zwischen den Fliesen am Wohnzimmereingang verfugt, obwohl er, Peter, doch den Türstock hätte einpassen müssen, was er ihm auch gesagt hat. Aber der Konrad hat patzig gemeint: »Schleich di, komm morgn wieda.« Dann hat es einen Wortwechsel gegeben, und plötzlich hat der Konrad den Peter durchs Zimmer geworfen.»Und wo kommt de Schädlprellung, de Nasnprellung und de Schürfwundn beim Fliesenleger her?«, fragt der Richter.»Mei«, antwortet der Peter,»vielleicht habn i a bißl weggschubst, wiari gflogn bin.« Das mit dem Verfugen der Fugen bestätigt auch der Konrad. Und wie er so verfugt hat, ist der Peter dahergekommen und hat mit dem Fuchsschwanz am Türstock rumgesägt. Da hat er zu ihm gesagt, daß er damit aufhören soll, weil das nicht geht mit dem ganzen Sägmehl, wo er doch die Fugen verfugt. Dann hat es einen Streit gegeben, und der Peter hat gleich zugeschlagen.»Wenn i mi net an sein Oberschenkel festghaltn hätt, war i durchs Zimmer gflogn«, erinnert sich der Konrad. Auf seine Hilferufe ist dann der Fliesenleger Andreas gekommen, der in der Küche die Fugen verfugt hat. Auch heute ist der Andreas gekommen und bestätigt alle Aussagen vom Konrad haargenau.

Die Frau Staatsanwältin, die vielleicht das Leben in Neubauten kennt, aber kaum an Baustellen, macht ein strenges Gesicht, berücksichtigt, wie sie es nennt, die offene Bewährung und kommt deshalb auf 5 Monate Haft.»Dann derf i mi glei aufhänga, wo i jetzt wieda Arwat hab und de Schuidn zahln ko, für de i de Bewährung kriagt hab. Weil nachm Knast kriag i koa Arwat mehr«, erklärt der Peter im Schlußwort. Der Richter macht ihm aber ein besseres Urteil, nämlich 90 Tagessätze zu je 50 DM. Einen Baustellenstreit, meint er in der Urteilsbegründung, muß man nicht gar so eng sehen. Dabei schaut er an der Frau Staatsanwältin knapp vorbei. Diese schüttelt recht unwirsch ihr Lockenköpfchen.

Wenn Michael die Schuhe durchgehen

Schuhe sind bekanntlich ein Modeartikel, ursprünglich erfunden von einem Barfüßler im Winter. Für den Juristen sind sie außerdem eine gefährliche Waffe. »Des is halt seit einer alten Reichsgerichtsentscheidung schon so«, sagt der Amtsrichter zum Michael. Und weil das so ist, möchte er von ihm über die Rauferei im Hauptbahnhof eigentlich gar nichts wissen, sondern nur, wie das mit den Fußtritten war. Ob er sie vielleicht ausgeteilt hat. »Bei der Rauferei?«, fragt der Michael. »Ja, bei der Rauferei«, sagt der Amtsrichter.

Es war kurz nach Mitternacht, als der Michael zusammen mit zwei Mädchen und zwei anderen Burschen ganz friedlich am Imbißstand was essen wollte. Dann sind aber ein Großer und ein Kleiner gekommen und haben andauernd gestänkert. »I hab no zu de Spezi gsagt, daß s nix machn soin. Aber dann hats doch de Rafferei gebn«, erklärt der Michael. »De Rauferei«, antwortet der Amtsrichter, »und wer sie angefangen hat, interessiert uns net. Bloß die Sache mit den Tritten.« – »Sie moanan, wer des war, der wo mit de Füaß?«, fragt der Michael. »Genau der, der wo,« bestätigt der Herr Vorsitzende.

Jetzt erzählt der Michael sehr ausführlich, was er gemacht hat: Er hat immer noch gesagt, daß niemand raufen soll, als sich alle schon fleißig geprügelt haben. »Dann hab i selber an saubern Schlag kriagt«, erinnert er sich. »Und dann?«, fragt der Amtsrichter erwartungsvoll. »Und dann«, wiederholt der Michael, ja dann hat er lediglich das Stofftier, das er in der Hand hielt, einem Mädchen gegeben und das schöne weiße Sakko auch. Beides habe ihm nämlich beim Zurückschlagen gestört. »Und daß i zruckgschlagn hab, daraus mach i koan Hehl net«, bekräftigt er.

Der Herr Vorsitzende runzelt die Stirne und stellt verdächtig leise fest: »Wissen S', mit fällt auf, daß Sie über alles redn, nur net über de Hauptsach.« Der Michael legt die Hand wie einen Trichter ans linke Ohr und sagt: »Was ham S' gsagt? I hör nämli schlecht.«—»Wie des mit de Fußtritt war«, sagt der Richter nun so laut, daß es auch ein Tauber in der hintersten Reihe versteht. »Ah so«, sagt der Michael und meint, ob das jetzt der Schwarzhaarige war oder der Braunhaarige, das wisse er leider nicht. Wie die heißen, wisse er auch nicht, und überhaupt müßten die doch als Zeugen da sein. »Ich bin doch net der liebe Gott«, sagt der Richter, »woher soll ich de nehmen, wenn Sie net amal wissen, wie de heißn.«

Dafür ist der Josef da, das Opfer. Er sagt: »Mei, i bin halt zamgschlagn wordn.« Außerdem sagt er: »Es kon scho sei, daß i zerst zuagschlagn hab. Na, an an Fußtritt konn i mi net erinnern.« Und Anzeige habe er auch nicht erstattet. Das sei die Bahnpolizei gewesen. »Ham S' Schmerzn ghabt am andern Tag oder blaue Flecken?« fragt der Staatsanwalt. »Na«, antwortet der Josef. »Keine Schmerzen, keine blauen Fleckn?«, staunt der Amtsrichter. An was er sich überhaupt erinnern könne?

»Ans Krankenhaus«, antwortet der Josef. Dort habe man ihn röntgen wollen. Aber er sei vorher schnell gegangen.

Der Michael atmet ziemlich befreit durch, doch es kommt noch ein zweiter Zeuge. Der hat gesehen, wie einer ein Stofftier und eine Jacke einem Mädchen gegeben hat. »Und dann hat er mit den Füßen zugetreten«, erinnert er sich. »Stofftier, Jacke, Mädchen«, sagt der Amtsrichter zum Angeklagten, »schaut aber gar nimmer gut aus.« Wegen einschlägiger Vorstrafen lautet das Urteil auf 120 Tagessätze zu je 50 Mark.

Der Michael steht ein bißchen blaß auf. Der Josef, der sich vorher an nichts mehr erinnern konnte, sagt zu ihm: »So vui Kohle, sauba. Und i hab gmoant, de müassn de Sach glatt eistelln.«

Baseball-Schläger gegen Eisenstange

Angeblich wollte der Hermann bei der Manu nur eine Tasse Kaffee trinken. Dann ging es aber zwischen ihm und seinem Bruder Fritz drunter und drüber. Der Günther kam auch noch dazu und half dem Hermann. Der Fritz war nämlich in einer Hand mit einer Eisenstange ausgerüstet, und in der anderen blitzte etwas. Jetzt treffen sich alle wieder vor Gericht: der Fritz und der Günther als Angeklagter, der Hermann als Zeuge.

Der Vorsitzende schaut suchend in die Runde, weil noch die Zeugin Manu fehlt. Der Fritz sagt: »Die kommt net.« – »Wieso kommt die net?« fragt der Amtsrichter. »Die kommt net, weil's schwanger is«, antwortet der Fritz. Eine halbe Stunde später führt ein Polizist die Manu in den Saal, weil der Vorsitzende sie hat holen lassen. »Kann ich mich darauf verlassen, daß Sie jetzt auf dem Gang warten, bis ich Sie brauch', auch wenn's eventuell peinlich wird?«, fragt er. Die Manu verspricht, daß sie bleibt.

Aber es wird nicht peinlich, weil alle sofort einen großen Bogen machen, wenn die Peinlichkeit droht. Der Fritz erklärt: »Es hat halt an Streit gebn wegen einer Frau, und da hab i mi wirklich schlecht benommen bei der Ausprach mit meim Bruder.« Der Vorsitzende findet es jedoch komisch, daß man zu einer Aussprache eine Eisenstange und ein Küchenmesser mitnimmt. »A naa, a Eisenstanga war des net, des war mehr a Metallrohr«, erwidert der Fritz. Zum Küchenmesser kann er nichts sagen, weil er von einem Küchenmesser nichts weiß.

Der Mitangeklagte Günther betreibt glücklicherweise den amerikanischen Nationalsport. Als seine Nachbarin Manu ihn alarmierte, hatte er deshalb schnell seinen Baseball-

Schläger zur Hand. »Weil«, erklärt er, »wenn a Messer und a Eisenstanga im Spiel ist, möcht i net wehrlos sein.« – »Also doch ein Messer«, stellt der Amtsrichter fest. Aber der Günther meint, das mit dem Messer hat ihm nur die Manu erzählt. Er selbst habe zwar was blitzen sehen, was aber auch die Eisenstange gewesen sein könnte – die Nacht war nämlich ziemlich dunkel. Hernach hatte der Fritz jedenfalls vom Baseball-Schläger einen gebrochenen Arm.

Der Hermann erzählt dem Gericht, daß sie eine große Familie sind und sich alle wieder vertragen, weil man das schon den Eltern schuldig ist, und daß er als Bruder deshalb nichts sagt. Die Manu möchte am liebsten auch nichts sagen, aber das geht nicht. Da müßte sie mit dem Fritz mindestens verlobt sein. Doch das haben beide bisher versäumt, obwohl er der Vater ihres Kindes ist. Dafür antwortet sie auf die meisten Fragen mit: »Das weiß ich nicht mehr.«

Der Herr Vorsitzende hört sich das eine Weile an, dann meint er: »Also, das kann schon auch strafbar sein, wenn ein Zeuge behauptet, daß er etwas nicht weiß, was er doch weiß.« Aber die Manu bleibt dabei, daß sie von einem Messer nichts weiß, obwohl sie es bei der Polizei noch gewußt hat. Dafür erinnert sie sich, daß sie mit dem Hermann nichts gehabt hat, auch wenn der Fritz das damals glaubte.

Der Günther wird wegen Notwehr freigesprochen, der Fritz kommt mit einer Geldstrafe von 3700 DM davon. Auf dem Weg zum Ausgang schaut er sich suchend nach dem Hermann und der Manu um. Aber die beiden haben nicht auf ihn gewartet.

Dreimal klopfte der Signore an

Zunächst hört es sich so an, als ginge es um einen ganz gefährlichen römischen Kampfhund. Dann stellt sich heraus, daß es doch nur ein Süditaliener mit einem Fetzen Wiesnrausch war. Auch der Bernd, der Uli und der Gerhard waren nicht mehr ganz nüchtern nach ihrem Oktoberfestbummel. Gegen Mitternacht machten sie dann auf wundersame Weise Bekanntschaft mit dem Signore. Sie brachte dem Bernd eine Anklage wegen Körperverletzung ein.

Das Trio hatte sich bereits ins Wohnmobil an der Ganghoferstraße verkrochen. Doch mit dem Schlaf wurde es nichts, weil plötzlich jemand an die Türe pochte. Der Uli stand auf und öffnete. Vor ihm befand sich ein Mann, der in einer Sprache redete, die er nicht verstand. Er hat gemeint, daß es vielleicht englisch ist. Go, go, hat er deshalb gesagt und eine entsprechende Handbewegung gemacht. Daraufhin hat ihm der Herr eine Trumm Watschn gegeben und ist verschwunden. Nach kurzer Zeit klopfte es schon wieder. Diesmal stand der Gerhard auf und öffnete. Es ging ihm wie dem Uli. Ein Mann redete in einer unverständlichen Sprache auf ihn ein, der Gerhard wedelte mit der Hand, als wollte er eine Fliege vertreiben, und sagte:»Mach dich weg.« Daraufhin bekam auch er eine Trumm Watschn, dann war der Mensch im Dunkel der Nacht verschwunden. Während sich der Gerhard noch wunderte, fing das Wohnmobil gewaltig zu schaukeln an. Es war wieder jener Herr. Jetzt stieg aber der Bernd aus. Und hinter ihm der Uli.

Zufällig kam um diese Zeit der Paul aus einer nahen Wirtschaft. Weil er dienstfrei hatte, trug er zivil.»Plötzlich«, sagt er als Zeuge vor Gericht,»sah ich auf der anderen Straßenseite drei Personen. Zwei nur in Unterhosen, einer hatte einen Gegenstand und schlug damit auf den dritten ein. Der war angezogen und lief vor den beiden davon.« Der Paul

kramte ganz schnell seinen Dienstausweis aus der Tasche, rannte über die Straße und rief:»Halt, Polizei. Hören Sie auf, den Mann zu schlagen.« Die zwei in der Unterhose verschwanden, er selbst kümmerte sich um den dritten, weil der aus dem Mund blutete.»Er hat mir sofort a Trumm Watschn gebn«, erzählt der Paul,»aber der hat mich mit seinem Feind verwechselt, drum hab i koa Anzeige gmacht.«
Nun wurde es mit dem Schlaf im Wohnmobil wieder nichts, weil alle aufs Revier mußten. Dort entpuppte sich der Gegenstand als Eisenstange und der Mann in der Unterhose, der damit zugeschlagen hatte, als der Bernd. Die Polizei identifizierte die Sprache des Unbekannten als italienisch und ihn selbst als einen gewissen Signore Baldoni aus der Gegend von Neapel. Dann ließ sie ihn ins Krankenhaus fahren und sich die Verletzungen bestätigen.
Der Herr Verteidiger meint, nachdem der Signore nicht zur Verhandlung gekommen ist, sei ihm die Sache wohl nicht sonderlich wichtig. Anschließend malt er die Qualen der Furcht aus, welche sein Mandant im Wohnmobil durchgezittert hat, wo draußen in der Dunkelheit ein Mensch lauerte und jeden schlug, der seinen Kopf hinausstreckte. Wegen Notwehr müsse es zwangsläufig Freispruch geben, meint er.
Der Amtsrichter hat jedoch eine ziemlich andere Meinung. Von Notwehr, sagt er, könne nicht die Rede sein, wenn ein Mensch auf einen einschlägt, der davonläuft. Außerdem sei eine Eisenstange ein gefährliches Instrument. Sein Urteil: 120 Tagessätze zu je 55 DM.»Mir ist die Geschichte schon klar«, meint er hernach,»der Baldoni hat in seinem Rausch das Wohnmobil vom Angeklagten mit seinem verwechselt und die andern für Einbrecher gehalten.«

Da kam dem Elmar der Trompetenbaum in die Quere

Der Elmar sagt, daß er ein passionierter Radlfahrer ist. Außerdem muß er aber auch Weltmeister in der Beherrschung des Gleichgewichts sein. Immerhin ist er mit 2,7 Promille völlig tadellos bis in die Friedenheimer Straße geradelt. Dort stieg er ohne größere Probleme ab und suchte an der Klingeltabelle nach einem bestimmten Namen. Den fand er nicht, dafür kam ihm aber ein Trompetenbaum in die Quere. Der war ungefähr 1,20 Meter hoch und steckte in einem großen Blumentopf. Wegen Diebstahls einer Topfpflanze sitzt nun der Elmar auf der Anklagebank.

Der Herr Amtsrichter kennt den Elmar bereits von früher und weiß deshalb, daß er zum Beispiel gern bastelt. »Stimmt«, sagt der Elmar, »des tua i gern.« Von einer heimlichen Liebe zu exotischen Pflanzen sei ihm aber nichts bekannt, meint der Vorsitzende und fragt: »Warum ham S' denn den Baum überhaupt mitgnommen?« – »Der hat mi gärgat«, antwortet der Elmar. »Geärgert hat er Sie«, wiederholt der Vorsitzende, »ja, wieso jetzt das? Hat er Sie blöd angschaut?« – »Naa«, antworte der Elmar, »aber drübergfalln bin i.«

Nun unterhalten sich beide ein bißchen darüber, ob das nicht doch unvernünftig gewesen ist. Der Amtsrichter meint nämlich, wenn man zufällig an einen Ort kommt, wo eine Topfpflanze steht und man schon bei der ersten Begegnung halb drüberfällt, sei doch die Gefahr ziemlich groß, daß man öfter drüberfällt, wenn man sie den ganzen Tag bei sich zu Hause rumstehen hat. Der Elmar wackelt nachdenklich mit dem Kopf und meint: »So weit is s ja gar net komma.«

Wie weit es genau gekommen ist, ob der Trompetenbaum bereits auf dem Gepäckträger stand oder noch nicht, kann der Elmar beim besten Willen nicht sagen. Er weiß nur: »I habs hochghobn, de Pflanzn, dann is plötzlich jemand vor mir gwesn oder vielleicht aa hinter mir, und dann war a Auto da und dann war i auf der Polizei.« Ob's nicht etwas genauer ginge, meint der Amtsrichter. Aber der Elmar sagt, daß er nichts mehr weiß, weil er so viel getrunken hat. »Wia vui denn?«, möchte der Richter wissen. »Mei«, sagt der Elmar, »weil i so vui trunkn hab, woaß i des doch aa nimmer.« Jetzt hat es wieder sein Gutes, daß sich beide kennen. Dem Datum nach, meint der Amtsrichter, falle die Tat doch in jene Zeit, wo die Mutter so schwer krebskrank war und man schon absehen konnte, daß es mit ihr dahingehe. Der Elmar nickt. Und kurz zuvor sei er doch auch wegen so einer Rauschsache bei ihm gewesen. Wieder nickt der Elmar. Vielleicht könne er halt ganz allgemein sagen, was er damals so getrunken habe pro Tag. »Ja«, sagt der Elmar, »ganz allgemein schon«. Er kommt auf vier Liter Wein und eine Flasche Cognac.

Bei dieser Menge muß der Herr Sachverständige nicht mehr betonen, daß es sich um einen soliden Vollrausch handelte. Der Amtsrichter sorgt sich sogar, daß das schon haarscharf an eine Vergiftung geht. Aber der Elmar beruhigt ihn mit den Worten: »Bei mir net.« Außerdem trinke er seit dem Tod der Mutter sowieso kaum noch. Rein informatorisch möchte das Gericht noch von der Luise wissen, was ihr Trompetenbaum wert ist. »Hundert«, sagt sie. »Der werd ja oiwei teirer«, ruft der Elmar, »vor a paar Wochn warns no achtzg Mark.«

Beim Elmar werden es 30 Tagessätze zu je 30 DM. »Ognomma«, brummelt er und steht auf. Die Luise aber nörgelt noch nachträglich: »Drüberfalln hätt der net müssn über de Pflanzn, wo is doch direkt ins Eck vom Hausflur gstellt hab.« Der Elmar geht da bereits dem Ausgang zu und spart recht weiträumig alle Winkel aus. Vermutlich, weil dort ziemlich große Papierkörbe und Aschenbecher stehen.

Was beim elften Bier passierte . . .

Der Fredi und der Edi sind eigentlich kreuzbrave Mannsbilder. Das behauptet der Gerd. Er kennt sie deshalb so gut, weil er Wirt in Giesing ist und sie bei ihm am Stammtisch sitzen. Auch der Hans gehört dazu, das ist der Bruder vom Fredi, und die Isolde. Sie ist mit keinem verwandt, aber mit allen befreundet. Als sich die kreuzbraven Mannsbilder Fredi und Edi letzten Faschingsdienstag schlägerten, ging sie furchtlos dazwischen. »Wissen S'«, erklärt die dem Richter, »i bin so eine Art Dampfwalzn, wenn i mit meine zwoa Zentner daherkomm.«

Der Herr Vorsitzende braucht viel Geduld, weil jeder was anderes erzählt: Der Fredi behauptet, daß er an der Theke eigentlich nur ganz friedlich sein ungefähr elftes Bier bestellen wollte und es schon sein kann, daß er dabei den Edi gerempelt hat. Der sagte jedenfalls sofort zu ihm: »Du Wichser!« Das ging ihm zu weit, und er hat ihm deswegen eine eingeschenkt. Darauf habe der Edi gedroht: »Di stich i ab.« Da hat der Fredi noch einmal hingelangt. Der Edi allerdings behauptet: »Der hat den Barhocker auf mein Fuaß gschtellt und i hab eahm ganz höflich drauf aufmerksam gmacht, daß des mei Fuaß is, wo der Barhocker draufsteht, und da hat er scho zuagschlagn.«

Der Staatsanwalt kann sich nur schwer vorstellen, daß man in einer Giesinger Wirtschaft jemand ganz höflich auf so etwas aufmerksam macht. Ob es nicht sein könnte, fragt er, daß eventuell doch ein paar Schimpfworte gefallen seien. Der Edi antwortet: »Des Wort Wichser kenn i gar net. Und des mit dem Messer is überhaupt a Schmarrn.« Im übrigen wäre er wegen dem blauen Aug und der Platzwunde darüber nicht zur Polizei gelaufen. Aber nach drei Tagen hatten die Schmerzen noch nicht aufgehört, worauf er zunächst den Arzt aufsuchte. Der stellte einen Jochbeinbruch fest.

Jetzt hat es der Wirt schwer, weil er als Zeuge die Wahrheit über seine Gäste sagen muß. Er stellt zunächst einmal fest, daß es mit dem Fredi und dem Edi überhaupt noch nie Schwierigkeiten gegeben hat. »Des hört ma gern«, sagt der Richter, »aber warum hams dann grauft? Der Wirt meint: »Mei, an dem Tag war der Fredi schlecht drauf. Er hat den Edi ogfegt. Des muaß i wirkli sagn.« Aber dazu muß er auch sehr betonen, daß der Fredi anstandslos gegangen ist, als er gsagt hat: »Jetzt schleichst di aber.« Auf der Straße wurde kurz weitergerauft, weil nämlich auch der Edi ging.

Wie war das nun mit dem Messer? Der Wirt hat nichts dergleichen gesehen oder gehört. Der Hans, der Bruder vom Fredi, beteuert, daß er beim Edi ein Messer gesehen hat, und die Isolde muß es ebenfalls gesehen haben. Zudem behauptet noch die Christl, die Mutter vom Fredi und vom Hans: »Die Isolde hat mir was von einem Messer erzählt und am liebsten, Hohes Gericht, tät ich die Wirtschaft anzündn.« Die Isolde erklärt als Zeugin: »Von einem Messer weiß ich nichts.«

Der Fredi bekommt 90 Tagessätze à 60 Mark aufgebrummt. Der Amtsrichter erklärt ihm, daß er damit um einen Eintrag ins Strafregister noch herumgekommen ist, worauf ihm der Fredi voller Dankbarkeit die Hand schüttelt. Mutter Christl sagt zum Vorsitzenden: »Ich könnt Ihnen noch viel erzählen.« – »Na, lieber net«, wehrt der ab. Die Isolde indessen geht mit dem Bewußtsein, daß sie nach ihrer Aussage vermutlich nicht mehr mit allen befreundet sein wird.

Der Max war einfach zu gütig

Der Max ist über den Bauhilfsarbeiter nie hinausgekommen. Da stand ihm seine Karriere als Knastologe im Weg. Seit 1956 schon studiert er dieses Fach, manchmal in sechsmonatigen Intensivkursen, manchmal in mehrjährigen Fortbildungssemestern. Auch diesmal befindet er sich auf so einem Lehrgang und wird deshalb vorgeführt.

Ehe er eingerückt war, soll er schnell noch einen Zechkumpan in dessen Wohnung ein bißchen überfallen und ausgeraubt haben. Darum geht es heute. Der Max behauptet jedoch: »I war no nia in dem seiner Wohnung. I war net amoi in der Straß, wo dem sei Wohnung is«. Der Vorsitzende nimmt das zwar zur Kenntnis und meint: »Warum erzählt der dann solche Sachen?« – »Mei, wissen S'«, antwortet der Max, »der is andauernd bsuffa.«

Zum Glück versteht der Amtsrichter den kargen Dialekt von München-Berg am Laim, wo der Max in seinen kurz bemessenen Freizeiten als möblierter Herr wohnt. Er weiß also, was der Max mit dem Wort »bsuffa« sagen will. Daß manche nämlich in diesem Zustand weiße Mäuse sehen, der Waldemar in seiner Halluzination jedoch ausnahmsweise den Max.

Doch von so einer Sinnestäuschung entstehen eigentlich nie blaue Gesichtshälften, in der Sprache ärztlicher Gutachten Hämatome genannt. Ein solches Gutachten liegt vor.

Der Waldemar bestreitet nicht, daß er damals ziemlich betrunken war. Er lehnt es aber ab, daß er sich selbst mit dem harten Gegenstand, von dem laut Gutachten die Blutergüsse stammen, ins Gesicht geschlagen hat. Auch will er sich den Max nicht eingebildet, sondern leibhaftig in seiner Wohnung gesehen haben. »Wie der dort hingekommen is, kann i net beschwörn, weil i ziemli voll war«, gesteht er dem Herrn Vorsitzenden.

Kurz hintereinander haben zuerst der Max und dann der Waldemar das Gasthaus in jener Maiennacht verlassen. Dann hat angeblich der Max dem Waldemar vor dessen Haus aufgelauert und gesagt:»I bring di nauf, du kummst ja alloa nimmer de Treppn nauf.« Der Waldemar wollte die Hilfe gar nicht, aber der Max ließ sich nicht in seiner Güte abschütteln. In der Wohnung sagte der Waldemar:»I hab aber koa Bier im Haus.« Dem Gericht versichert er, daß das stimmt, weil er daheim nie was trinkt. Trotzdem entdeckte der Max eine Flasche Weizen, holte ein Glas aus dem Schrank und schenkte ein.

Die Flasche Weizen war vier Jahre alt.»I hab mir no denkt, hoffentli werd's dem jetzt richtig schlecht«, erinnert sich der Waldemar. Dann nahm er seine Gaspistole und sagte zum Max:»Jetzt gehst endli.« Daraufhin wurde es ihm selber ganz schlecht. Als er wieder aufwachte, war der Max fort, die Gaspistole, eine Stange Zigaretten und rund 300 Mark fehlten auch. Der Waldemar rief die Polizei.

Der Streifenbeamte Christof berichtet dem Gericht, daß der Geschädigte bei seinem Eintreffen am Boden herumgekrochen ist.»Ich dachte, daß er so schwer verletzt ist«, sagt er. Dann habe er jedoch gemerkt, daß der Geschädigte hauptsächlich so betrunken war. Trotzdem riet er ihm, nichts anzufassen, bis der Helmut von der Spurensicherung kommt. Der nahm die Fingerabdrücke vom Glas. Sie paßten haargenau zum Max.

Der Vorsitzende verurteilt ihn zu neun Monaten, wegen seiner 19 einschlägigen Vorstrafen ohne Bewährung. Dann gibt er ihm ein Merkblatt, auf dem steht, wie er Berufung einlegen kann. Der Max zerknüllt es und sagt:»Des brauch i net, des woaß i auswendig.« Der Waldemar jedoch wundert sich bereits wieder über die Haltbarkeit von Weizenbier.»Vier Jahr war's oid«, sagt er,»und schlecht war's net. Des glaabst net.«